AF599621

CATARATA

Deusto
Centro de Ética Aplicada
Etika Aplikatuko Zentroa

ANTONIO RIVERA BLANCO

Catedrático de Historia Contemporánea en la Universidad del País Vasco. Director del Instituto de Historia Social Valentín de Foronda y directivo de la Fundación Fernando Buesa Blanco Fundazioa. Es investigador principal del grupo "Nacionalización, Estado y violencias políticas. Estudios desde la Historia Social". Ha sido investigador principal del proyecto Mineco VIOPOL ("Violencia política, memoria e identidad territorial") y de "Historia y memoria del terrorismo en el País Vasco". Entre sus últimos títulos destaca la dirección de dos obras colectivas: *Naturaleza muerta. Usos del pasado en Euskadi después del terrorismo* (2018) y *Nunca hubo dos bandos. Violencia política en el País Vasco 1975-2011* (2019). En 2021, publicó *20 de septiembre de 1973. El día en que ETA puso en jaque al régimen franquista.* Ha publicado también el volumen *Historia de las derechas en España* (2022).

IZASKUN SÁEZ DE LA FUENTE ALDAMA

Profesora e investigadora del Centro de Ética Aplicada de la Universidad de Deusto. Se doctoró en Ciencias Políticas y Sociología (especialidad Ciencias Políticas) en la Universidad del País Vasco en 2001, con la tesis *El Movimiento de Liberación Nacional Vasco, una religión de sustitución* (2002). En la línea de investigación sobre conflictos y culturas de paz, estudia los procesos sociales, políticos y culturales asociados a la violencia de motivación política en Euskadi, en los que, con una clara motivación ético-política, otorga un lugar central a las víctimas. Participa desde sus inicios en 2018 en la Comunidad de Aprendizaje sobre Memoria, Educación Histórica y Construcción de Paz en Euskadi. Anteriormente, dirigió el proyecto interdisciplinar "Memoria, ética y justicia: la extorsión y la violencia de ETA contra el mundo empresarial (2012-2016)", proyecto que obtuvo el accésit del Premio UD-Banco Santander de Investigación (2017) y que ha conseguido colocar en la agenda pública una dimensión de la violencia de ETA que había resultado especialmente invisibilizada.

Research ID: Web of Knowledge: R-1052-2018/ orcid.org/0000-0001-9099-2653

Antonio Rivera Blanco e Izaskun Sáez de la Fuente Aldama

La sociedad vasca: ¿pluralidad sin pluralismo?

Izaskun Sáez de la Fuente y Ángela Bermúdez
(editoras de la colección)

COLECCIÓN MEMORIA E HISTORIA DEL CONFLICTO
Y LA VIOLENCIA EN EUSKADI

ESTA COLECCIÓN SE PRODUCE CON EL APOYO DE UN CONVENIO ENTRE EL GOBIERNO VASCO Y LA UNIVERSIDAD DE DEUSTO PARA EL DESARROLLO DEL PLAN DE CONVIVENCIA, DERECHOS HUMANOS Y DIVERSIDAD (2021-2024).

DISEÑO DE CUBIERTA: MIKEL LAS HERAS

FUENCARRAL, 70
28004 MADRID
TEL. 91 532 20 77
WWW.CATARATA.ORG

LA SOCIEDAD VASCA: ¿PLURALIDAD SIN PLURALISMO?

ISBN: 978-84-1352-940-0
DEPÓSITO LEGAL: M-3.353-2024
THEMA: 1DSE-ES-R/GTU/JB

IMPRESO POR ARTES GRÁFICAS COYVE

ÍNDICE

SOBRE LA COLECCIÓN

Una década después del alto el fuego definitivo de ETA, las personas jóvenes en Euskadi —la primera generación que no ha sufrido en carne propia la violencia— manifiestan tener pocos espacios seguros en los que preguntar, conversar y discutir sobre el tema.

La presente colección editorial busca promover en las nuevas generaciones una comprensión crítica de la historia de conflicto y violencia vivida en Euskadi en las últimas décadas. Está dirigida, principalmente, a las personas jóvenes, a los ciudadanos y ciudadanas de a pie que se interesan por estas cuestiones, pero también al profesorado en ejercicio o en formación y a las personas que, desde distintas organizaciones públicas y privadas, quieren fomentar el respeto de los derechos humanos y el cultivo de la paz y de la convivencia.

Este es un proyecto de la Comunidad de Aprendizaje sobre Memoria, Educación Histórica y Construcción de Paz en Euskadi, una iniciativa del Centro de Ética Aplicada de la Universidad de Deusto que, desde sus inicios en 2018, ofrece un espacio de diálogo y reflexión interdisciplinar e intergeneracional sobre el pasado violento de Euskadi. En su primera fase de trabajo (2019-2021), la Comunidad se dedicó a explorar, con jóvenes de distintos perfiles ideológicos, las preguntas y reflexiones que ellas y ellos se hacen acerca de la violencia de motivación política vivida. De manera recurrente manifestaron que les surgen preguntas que no tienen dónde plantear y que se hacen reflexiones que no pueden contrastar con otras personas. Sienten el peso de un "silencio heredado y autoimpuesto" en la familia, las cuadrillas, la escuela y la comunidad.

A la persistencia de este silencio ha contribuido la idea de que, para promover la paz y la convivencia, lo mejor es pasar página, olvidarse del pasado y mirar solo hacia el futuro. Pero no se puede construir el futuro de espaldas al pasado. Por ello, en su actual fase de trabajo, la Comunidad de Aprendizaje ha reunido a un grupo de historiadores expertos en la temática, filósofos y científicos sociales expertos en el análisis ético de la violencia y pedagogos expertos en educación histórica, para colaborar en la producción de esta colección.

Cada uno de los libros de la colección profundizará en una cuestión histórica o ética que hemos identificado como especialmente relevante para interrogar críticamente los relatos que las personas jóvenes tienen sobre la historia del conflicto vasco y de la violencia. Se trata de una estrategia pedagógica narrativa que, siguiendo la senda de Penélope, propone destejer con cuidado y volver a tejer con conciencia la memoria social de un pasado sangrante y doloroso. En ella, la visibilización y la exploración crítica de los mitos, los sesgos y las sobresimplificaciones que sirven para justificar la violencia marcan el punto de partida de una doble dinámica de *historización de la memoria* y de *memorialización de la historia*. Con ella se busca mejorar la comprensión que las personas tienen de la complejidad de los fenómenos históricos, encarnar el pasado en la experiencia de las víctimas y, así, activar el potencial de la historia para desnormalizar y deslegitimar la violencia.

INTRODUCCIÓN

> [...] la concepción del mundo [...] que reduce la identidad a la pertenencia a una sola cosa, instala en los hombres una actitud parcial, sectaria, intolerante, dominadora [...] y los transforma a menudo en gentes que matan o en partidarios de los que lo hacen. [...] Los que pertenecen a la misma comunidad son "los nuestros"; queremos ser solidarios con su destino, [...] si los consideramos "timoratos", los denunciamos, los aterrorizamos, los castigamos por "traidores" y "renegados". En cuanto a los otros, a los que están del otro lado de la línea, jamás intentamos ponernos en su lugar, nos cuidamos mucho de preguntarnos por la posibilidad de que [...] no estén completamente equivocados, procuramos que no nos ablanden sus [...] sufrimientos, las injusticias de que han sido víctimas. Solo cuenta el punto de vista de "los nuestros" [...].
>
> AMIN MAALOUF (1999: 43-44)

Con el final de la violencia política reciente en el País Vasco se renuevan las expectativas de construir una sociedad en la que diferentes identidades y convicciones políticas convivan y diriman sus controversias y disputas sin recurrir a la eliminación física o simbólica del otro. Tal expectativa puede parecerles a algunas personas una obviedad. ¿Quién se opondría a ello? Y, sin embargo, no lo es. La erosión de la pluralidad y del pluralismo ha sido un eje vertebrador de la historia reciente de Euskadi y un mecanismo político y narrativo fundamental de la justificación y de la normalización de la violencia.

La negación de la pluralidad y del pluralismo ocurre tanto en la vida política como en la construcción de la memoria y de los relatos sobre el pasado, y en ambos casos resulta necesario confrontarla críticamente. Si solo existe una voz legítima, solo hay una explicación posible: la propia. Con ello se impide el contraste de distintas experiencias, perspectivas e interpretaciones. Se aborta la discusión racional. Pero, al borrar las voces diferentes, también se borran las personas que las encarnan, convirtiéndose en actores sociales irrelevantes, marginados y excluidos. Se les excluye de los escenarios del acontecer histórico, pero también, y esto es particularmente grave desde una mirada ética, se les expulsa de lo que podríamos llamar nuestro "universo de responsabilidad moral", que delimita quiénes merecen nuestro respeto y cuidado, de quiénes nos sentimos responsables. Sobre los expulsados es legítimo ejercer violencia. Con todo ello se genera una sociedad empobrecida, sin reconocimiento de la diversidad constitutiva, sin valoración de esta como riqueza; no es viable el funcionamiento de los mecanismos democráticos en la vida política, social y comunitaria.

En el caso del conflicto y la violencia vivida en Euskadi, el ataque al pluralismo se ha asentado, fundamentalmente, sobre el mito de un pueblo homogéneo, esencialmente nacionalista, todo él victimizado, resistente y heroico; radicalmente opuesto a otro pueblo, el español (y su Estado), igualmente homogéneo, todo él victimario, opresor y villano. No en vano se preguntaba Joseba Arregi: "¿ETA hubiera existido si no hubiera existido ese mito del pueblo vasco limpio, puro...?" (2015: 206). Ya en 1978, el historiador Juan Pablo Fusi planteaba enfáticamente que "ninguna explicación [de la cuestión vasca] podrá ser válida si no parte del reconocimiento de la pluralidad cultural y política del pueblo vasco en su historia, si no se admite como una realidad empírica incontrovertible la diversidad de formas de expresión de la identidad vasca, la multiplicidad de interpretaciones del hecho vasco, las diferencias sustanciales a la hora de definir la personalidad del ser vasco".

Este libro quiere hacer eso que reclamaba Fusi. Reconstruye el origen social e histórico de la pluralidad de la sociedad vasca y sus diversas formas de expresión, y muestra cómo se fue atacando dicha diversidad y, por lo tanto, erosionando el pluralismo. Este proceso se sitúa en un primer momento en el choque entre cosmovisiones tradicionales del mundo preindustrial y las cosmovisiones liberales modernas emergentes en el siglo XIX; y en este marco se consideran las contribuciones de las ideologías y fuerzas políticas nacionalistas (españolistas y vasquistas) a la homogeneización del pueblo y a la recuperación de supuestos paraísos perdidos. Con este trasfondo, se recorre el siglo XX, entretejiendo los posicionamientos y actuaciones de diversos actores, desde los nacionalistas vascos en sus distintas manifestaciones históricas, pasando por el nacionalismo españolista de la dictadura franquista, y destacando al final, por sus implicaciones, el nacionalismo radical y letal de ETA.

Antes de proseguir, resulta necesario diferenciar dos conceptos que utilizaremos recurrentemente: pluralidad y pluralismo. Una cosa es la realidad sociológica de una sociedad, en la que existe una mayor o menor diversidad (la pluralidad), y otra distinta una disposición valorativa y proactiva de los actores públicos para proteger y favorecer dicha diversidad (el pluralismo). Las sociedades plurales pueden transitar hacia la homogeneización, la polarización o la desintegración como consecuencia de las posiciones y actuaciones de ciudadanos y actores políticos y de determinadas políticas públicas. O pueden transitar hacia un pluralismo cada vez mayor si todas esas instancias cultivan la disposición valorativa y proactiva para proteger y favorecer su diversidad. La pluralidad es entonces la clave fundacional del pluralismo. Giovanni Sartori (2001) aclara que pluralismo significa diversidad, pero "contenida" por la voluntad mayoritaria de formar parte de algo común. Por eso el pluralismo se enfrenta tanto a la unanimidad del pensamiento de los proyectos colectivistas (nacionalistas, comunistas, fascistas, populistas, etc.) como al individualismo extremo o al multiculturalismo acrítico de las democracias liberales. Por eso añade que para que podamos hablar de pluralismo tiene que haber "líneas de división entrecruzadas". Eso significa que los ciudadanos interaccionan —no se sobrellevan o se soportan sin relacionarse— y forman parte de entidades de afiliación voluntaria y múltiple (no sectaria), y de carácter y objetivos diversos (políticos, sindicales, culturales, etc.). Así, el pluralismo supone diversidad contenida en un proyecto común y relación activa y libre entre los actores plurales.

Inevitablemente, construimos imágenes de "nosotros/los otros" que orientan la definición de nuestras identidades y prácticas políticas y sociales. La esencia del pluralismo es reconocer al "otro" como actor legítimo y, por tanto, no expulsarlo de nuestro universo de responsabilidad. Ello implica, en primer lugar, no matarlo ni justificar su eliminación, pero también no excluirlo del entramado de actores políticos con los que puedo interactuar. Se ataca la pluralidad cuando se mata, se amedrenta o se estereotipa al que piensa diferente. Se erosiona el pluralismo cuando se desacredita el valor de la diversidad y de la diferencia, cuando se denigra ideológica y políticamente a quien tiene una identidad distinta a la propia, cuando se niega por la fuerza la posibilidad de reconocerse como parte de algo mayor, de una sociedad más amplia que la propia comunidad con la que me siento identificado, o cuando se dinamitan los intentos de interacción que posibilitan "líneas de división entrecruzadas".

Nuestro objetivo es que se comprenda el lastre que aún hoy arrastra la sociedad vasca. Aunque el cese de la actividad armada de ETA constituya un hito fundamental en este recorrido, los mitos, simplificaciones y silencios en virtud de los cuales se concibió y justificó el ataque al pluralismo siguen presentes y activos en algunos de los relatos sobre el pasado violento que circulan en esta sociedad. Valga la pena aclarar que, a nuestro parecer, la defensa del pluralismo no casa bien con la idea recurrente de construir una única memoria social o un relato del pasado compartido por todos, ni una única visión del presente o del futuro de nuestra sociedad. Creemos que esto no es posible y tampoco deseable. Más bien, nos parece que lo que importa es reconocer la existencia de distintos relatos construidos desde el respeto a la verdad de lo ocurrido y cultivar en las personas la disposición y la capacidad de interrogarlos críticamente. Esta es la invitación que hace este libro.

1. TRADICIÓN Y MODERNIDAD EN EL PAÍS VASCO

Las sociedades tradicionales, anteriores a la industrialización, se veían a sí mismas como una unidad. El objeto principal de su orden social y político era la pervivencia de la comunidad. Eran sociedades desiguales y jerárquicas, pero dotadas de una solidaridad vertical —como observó Alexis de Tocqueville en *La democracia en América* (1835), "siempre había alguien arriba cuya protección le era necesaria y otro más debajo de quien poder reclamar asistencia"— y de una lógica interna que las hizo comprensibles y duraderas durante al menos un milenio. Las dirigía social y políticamente una autoridad única —un monarca o príncipe, un señor en el espacio cercano—, y la Iglesia se encargaba de reproducir y hacer valer una única verdad. La idea de Dios lo presidía todo, proporcionando sentido a toda esta concepción unitaria.

En el tránsito de los siglos XVIII al XIX, marcado por las revoluciones americana y francesa, el liberalismo se impuso en su pugna con los partidarios de las visiones tradicionalistas. Una de las claves fundamentales del pensamiento liberal fue la defensa de la tolerancia hacia las diferentes percepciones de una misma realidad. En consecuencia, prosperaron visiones partidarias de que hubiera una competición ordenada entre diferentes propuestas (o ideologías) sobre cómo organizar la sociedad; esta competición sería la base de la democracia. Poco a poco, la concepción de la sociedad como una unidad tendió a ser sustituida por el reconocimiento de la diversidad, y el monismo —la idea de que existe un sistema de valores único y armónico— lo fue por el pluralismo. Naturalmente, los defensores de la primera de esas dos cosmovisiones se resistieron. La pugna entre el mundo tradicional anterior y el moderno emergente, que caracterizó el siglo XIX en muchas partes del mundo, tuvo que ver con esta controversia. Los siguientes fragmentos de editoriales publicadas en periódicos carlistas de Madrid y Barcelona ilustran la resistencia de los tradicionalistas en el ámbito español.

Artículos aparecidos en la prensa católica tradicionalista del siglo XIX

El principio fundamental de nuestra escuela política es la unidad. Unidad de creencias, unidad de poder, unidad de miras, unidad de acción. Lo uno es creador de lo múltiple, no lo múltiple creador de lo uno. [...] Unidad de creencias, esto es, conspiración de todas las inteligencias [...] en una misma verdad, en un mismo bien. Unidad de poder, esto es, soberanía viva, material, tangible, encarnada en una persona y responsable ante Dios de sus actos.

Fuente: *El Pensamiento Español*, 20 de octubre de 1868.

"Qué son las elecciones", se pregunta retóricamente *La Regeneración*: son una perturbación social, en la que se agita el país de una manera terrible, y llegan los odios a los distritos, a los pueblos, a las familias y a los individuos; [...] siendo las elecciones una farsa, la representación nacional que es su resultado, es una mentira. Luego, si queréis orden, arrancad de cuajo la perturbadora base del parlamentarismo: las elecciones [...]. El progreso requiere unión y esta unión es imposible dentro del terreno parlamentario, que no se concibe sino de esta manera: gobierno y oposiciones; es decir, lucha que divide y división que mata. [...] Los partidos políticos ni siquiera son la representación de ideas e intereses encontrados, sino amparo de bastardas ambiciones y de egoísta patriotería.

Fuente: *La Convicción*, 8 de abril de 1871.

ACTIVIDAD 1

Analiza el lenguaje que utilizan los autores de estos artículos de prensa, fijándote en los términos que aparecen con más frecuencia y en los que más te llaman la atención. ¿Cuáles son las claves del ideario o la cosmovisión tradicionalista (como ejemplo de esa mirada monista de la realidad)? ¿Cuáles son los temas que más les preocupan? En relación con estos últimos, ¿qué es lo que defienden? ¿Qué deduces que planteaban las ideologías y las fuerzas políticas con las que ellos chocaban?

En tierras vascas se dio también el enfrentamiento entre cosmovisiones tradicionalistas y modernas, que se materializó en distintas contiendas. Entre ellas destacan, por su significado e impacto, las guerras civiles carlistas, un conflicto dinástico entre los liberales isabelinos y los tradicionalistas que deseaban colocar en el trono a Carlos María Isidro y se habían arrogado la defensa de los fueros bajo el lema: "Dios, patria, rey y fueros".

En el Medievo, casi todas las provincias, ciudades y villas peninsulares estuvieron regidas por fueros y cartas jurídicas muy semejantes. Fue solo a partir de las primeras décadas del siglo XVIII cuando esta fórmula, mezcla de usos y costumbres y de privilegios concedidos por la autoridad real, se conservó únicamente en el País Vasco. Los fueros contemplaban una serie de derechos individuales, como el *habeas corpus*, pero también el ser elector y elegible para cargos públicos, siempre y cuando se dispusiese de capital y se supiera hablar y escribir en castellano, condiciones reservadas a una minoría de habitantes. En el plano económico, destacaba la libertad comercial y la inexistencia de aduanas en las costas, ciertas exenciones fiscales y leyes civiles destinadas a asegurar el mantenimiento de la propiedad familiar (*mayorazgo*). Este sistema sancionaba, asimismo, la no obligatoriedad de los varones de realizar el servicio militar y el denominado "pase foral", es decir, la no obligatoriedad de cumplir las órdenes de la monarquía si se consideraba que atentaban contra los fueros, y hasta que se resolviese el contencioso jurídico que las prejuzgaba contrarias a los usos tradicionales. Tras la derrota de los carlistas al final del primero de los conflictos bélicos, en 1841 se decretó el traslado de las aduanas a la costa, la igualación del sistema judicial y la supresión del pase foral.

No obstante, y a pesar del enfrentamiento entre las élites vascas liberales y carlistas, a mediados del siglo XIX conformaron un discurso ideológico —el fuerismo— que les sirvió tanto para restañar las heridas y divisiones como para presentar un frente unido ante el Estado y preservar así la continuidad de una parte de sus privilegios, de sus fueros. Así, las élites vascas lograron establecer una concepción comunitaria mayoritariamente compartida en virtud de la cual las provincias vascas se veían como un escenario que resistía la disgregación modernizadora de otros lugares porque los fueros defendían una tradición regionalista, privilegiada, católica, monárquica y que permitía la doble identidad, es decir, sentirse, al mismo tiempo, vasco y español. A pesar de que hoy muchas personas en el País Vasco perciban que es incompatible considerarse vasco y español, en aquella época el fuerismo asumía esa doble identidad con naturalidad. Pedro Egaña, ministro de Isabel II, diputado general de Álava y enlace de los intereses vascongados en Madrid, desgrana en el siguiente discurso las bases de ese pensar y sentir fuerista del tiempo.

Pedro de Egaña, "Religión, historia y armadura",
18 de noviembre de 1867, Junta de la Provincia, Vitoria

[...] Sobre tres grandes y firmísimas bases, probadas al yunque de los siglos, descansa y gira en eterno y armonioso equilibrio la vida de la familia vascongada: el sentimiento religioso, el sentimiento monárquico y el sentimiento foral. Los tres han sido mis guías y sostenedores constantes durante el difícil periodo que acabamos de atravesar. Nos amenazó la peste por dos veces, y otras tantas la cólera de Dios se aplacó ante nuestras humildes oraciones. Rugió la tempestad revolucionaria en los pueblos vecinos y, como si instintivamente la rechazase la pureza de los aires cantábricos, se detuvo respetuosa ante la inquebrantable fe monárquica de estas montañas. Hubo quien osó poner su mano sacrílega en la ley de nuestros padres, y la causa de la justicia volvió a triunfar contra los embates de la pasión, y el árbol simbólico de las libertades vascas, trasplantado, como un área de salvación, desde las espesuras de Guernica a las pintorescas campiñas de Álava, extiende ya sus ramas protectoras al pie del palacio mismo en que celebráis vuestras sesiones.

Los pueblos que rinden culto a lo pasado, si lo pasado ha sido glorioso y grande, no pueden morir: mientras han caído robustísimos imperios y derrumbándose dinastías seculares, [...] la familia vascongada se conserva viva y potente como hace mil años, con su idioma, a ningún otro parecido, con su música, también de ritmo diferente de todos los demás que se conocen, con sus costumbres patriarcales, sus leyes de libertad, su tierno apego al hogar doméstico, su respeto al sacerdocio, su cariño al monte y a la cabaña, sin que basten a separarle de tan nobles afectos, ni siquiera a entibiarlos, las infinitas y a primera vista seductoras novedades que van poco a poco trasformando el resto del mundo [...]

Fuente: Discurso pronunciado por el Excmo. Sr. D. Pedro de Egaña al inaugurar las sesiones ordinarias del mes de noviembre de 1867, con el informe y acuerdo hechos en su virtud, Vitoria. Imprenta de los hijos de Manteli, 1867, disponible en https://bitly.ws/39DwS.

ACTIVIDAD 2

(a) El discurso de Egaña representa el pensamiento de un importante grupo político caracterizado por un planteamiento ideológico liberal-conservador próximo al tradicionalismo. Identifica en el discurso esa cosmovisión tradicionalista:

- Cómo apela más a la providencia que a la voluntad de los ciudadanos como fundamento del proceso de construcción nacional.
- Cómo apela más a la continuidad histórica de unas formas moderadas, obedientes, ruralistas y religiosas que a la tímida expresión de la modernidad.
- Cómo apela más al conservadurismo que a cualquier atisbo de revolución democrática.

(b) Contrasta lo que hemos explicado en el texto sobre el fuerismo con este discurso y rastrea en él elementos de esta ideología.

(c) Como puede verse en el discurso de Pedro de Egaña, para él era perfectamente compatible ser defensor de los fueros y de la monarquía y, por tanto, de la doble identidad vasca y española. ¿Cómo contrasta la perspectiva del autor con la comprensión que tú tienes hoy sobre el fuerismo?

A pesar de la ideología fuerista compartida por las élites, a principios de los años setenta, durante la última guerra carlista (1872-1876), la sociedad vasca vuelve a enfrentarse entre sí para dirimir sus disputas políticas por concepciones ideológicas antagónicas sobre el papel de la Iglesia y la cuestión dinástica, y sobre todo sobre la progresión democrática de las sociedades. Este enfrentamiento bélico se libró, fundamentalmente, en el País Vasco y Cataluña. Al final de esta guerra, que perdieron los carlistas, dos hechos dieron inicio a un nuevo tiempo. Primero, los restos forales que habían sobrevivido en 1839 al resultado de la primera contienda —exenciones militares y fiscales, y autogobierno provincial— fueron definitivamente abolidos y los territorios se incorporaron a todos los efectos a la pauta del Estado liberal que se venía construyendo en España. La abolición trajo consigo la unanimidad fuerista convertida, de nuevo, en bandera común de la clase política, que tenía el sentimiento de ser víctima de una injusticia. El segundo hecho es que Bizkaia se suma a gran velocidad al capitalismo internacional, primero intercambiando mineral de hierro por carbón británico y luego abriendo centros fabriles siderometalúrgicos en el curso final de la ría del Nervión-Ibaizabal, con capitales propios y foráneos. Poco después, Gipuzkoa se vincula a esa novedad industrial, pero con un modelo bien distinto. En Álava y en Navarra, el proceso de industrialización se posterga hasta los años sesenta del siglo XX.

A medida que algunas comarcas vascas modernizaban su economía, diversificaban su realidad social y su expresión política, y con ello se hacían plurales. Mientras, allí donde esto no sucedía, la sociedad tradicional se mantenía sin grandes cambios y, con ella, aquella unidad comunitaria. En Bizkaia, la industrialización generó un grupo de empresarios internacionalizado, productor de bienes de equipo (acero, vigas, chapa, maquinaria, etc., también ferrocarriles, banca, seguros, navieras, astilleros e industria química) y ligado al Estado español que los demandaba para sus infraestructuras públicas. No es extraño, entonces, que este nuevo empresariado se expresara políticamente como liberal-conservador, monárquico y españolista (defensor de los vínculos de las provincias vascas con España). Por el contrario, las élites desplazadas por este grupo protagonizaron una reacción en torno a la defensa del territorio, del mundo tradicional y de la religión, concretada en la reivindicación de los fueros perdidos y en el rechazo del cambio sociocultural. Estas conformaron una opción política nacionalista vasca, similar a otras que emergieron en Europa a finales de ese siglo. Por último, la nueva mano de obra, muy numerosa y en buena parte de origen inmigrante, se vio representada en Bizkaia por un sindicalismo socialista muy radical que luego evolucionó hacia una fórmula más política y pragmática. Aparecieron, entonces, las tres culturas políticas protagonistas de lo que luego se denominará el "triángulo vasco": liberal-conservadores españolistas, nacionalistas vascos y socialistas. Otras tradiciones políticas procedentes del siglo XIX mantuvieron su presencia mezclándose con estos nuevos grupos: los carlistas con las derechas vasquistas y españolistas, indistintamente, y los republicanos —un radicalismo progresista, democrático, interclasista y urbano— con los socialistas.

DIAGRAMA 1

EL TRIÁNGULO VASCO

Fuente: Elaboración propia.

Las diferentes características de la industrialización y de la progresiva modernización en Gipuzkoa hicieron también distinto el cambio sociopolítico. El empresariado fue más local y su entidad y capitales de menor volumen, la mano de obra no fue tan inmigrante ni tan numerosa y la transformación del espacio sociocultural no fue tan significativa. Hubo cambios, pero ni tantos ni tan rápidos como en Bizkaia, de manera que las expresiones políticas tradicionales tuvieron aquí más continuidad, conviviendo en el tiempo con las nuevas. Las élites y las masas populares siguieron siendo mayoritariamente católicas y tradicionalistas, aunque en la capital o en cabeceras comarcales destacaban personalidades conservadoras y liberales —en menor medida republicanas— vinculadas a la política española, que atraían importantes sectores de votantes. Los nacionalistas vascos vieron incrementar progresivamente sus apoyos y su organización, y entre los nuevos trabajadores los había tanto socialistas como católicos. Finalmente, con unos escasos cambios limitados a Vitoria, en Álava todo siguió como siempre: dominio abrumador del tradicionalismo católico en todo el territorio, todavía rural y agropecuario, y liberales y conservadores, además de republicanos, circunscritos a la capital. La novedad de la aparición del nacionalismo y del socialismo vascos se hizo esperar aquí por el retraso en el proceso de industrialización. Y algo similar ocurrió en Navarra. En definitiva, como señaló Juan Pablo Fusi, el pluralismo político era fruto de:

> La diferente evolución histórica de cada una de las provincias vascas; el desigual desarrollo económico de sus distintas zonas y comarcas; la heterogeneidad demográfica y sociológica de su población; y las diferencias de los vascos en torno a la idea de nacionalidad vasca, en la manera de entender su propia personalidad histórica (Fusi, 1984: 250).

2. EL 'TRIÁNGULO VASCO' COMO MANIFESTACIÓN DE LA PLURALIDAD

Lo que comenzó como novedad en Bilbao en el cambio de siglo se fue consolidando y extendiendo a todo el País Vasco desde los años de la Primera Guerra Mundial (1914-1918), pero es en los años treinta cuando ya podemos hablar del "triángulo vasco" conformado por las tres culturas políticas protagonistas (Fusi, 1984: 11-24). Dicha evolución se aprecia mejor si contrastamos los resultados electorales del periodo de la Restauración (1874-1923) con los de la Segunda República (1931-1936). Desde que entró en vigor el sufragio universal masculino (1890) hasta el final de la Restauración (1923), de los más de doscientos diputados vascos elegidos para las Cortes, casi el 90% pertenecían al bloque de las derechas españolistas, con porcentajes mínimos para los republicanos y las izquierdas (7%) y menores aún para los nacionalistas vascos (4%). En Navarra, las derechas arrasaron en los comicios (96%). De aquel bloque mayoritario, casi la mitad eran conservadores —sobre todo los "capitanes de la industria"—, un tercio tradicionalistas y un quinto liberales.

El escenario cambió por completo en la Segunda República, con menos manipulación electoral y caciquismo, con presencia de partidos de masas y la aprobación en el Congreso de los Diputados del sufragio femenino: en las elecciones de ese lustro republicano, los nacionalistas obtuvieron la mitad de los escaños, la alianza de republicanos y socialistas un tercio y las diferentes derechas españolistas menos de una quinta parte de los representantes. Ahora bien, como en Navarra estas derechas eran tradicionalmente hegemónicas y no había tenido lugar un proceso similar de diversificación del voto, si se toma en consideración esta provincia, los porcentajes cambian para el conjunto de los cuatro territorios: un cuarto de diputados para las izquierdas y el resto a repartir por igual entre derechas españolistas y nacionalistas.

TABLA 1

DIPUTADOS EN CORTES (1891-1923)

	DERECHA (conservadores, liberales y tradicionalistas)	IZQUIERDA (republicanos y socialistas)	NACIONALISTAS	TOTAL
Bizkaia	75	8	8	91
Gipuzkoa	77	1	1	79
Álava	39	7	0	46
Subtotal	191	16	9	216
Navarra	108	0	4	112
Total	299	16	13	328

La elección de diputados nacionalistas y socialistas se produjo solo a partir de 1918.
Las cifras indican los totales de electos en todo el periodo.
Fuente: Elaboración propia. Datos extraídos de Rivera (2001) y Larraza (2001: 762-768).

TABLA 2

DIPUTADOS EN CORTES (1931-1936)

	DERECHA (tradicionalistas, católicos y monárquicos)	IZQUIERDA (republicanos, socialistas y comunistas)	NACIONALISTAS	TOTAL
Bizkaia	2	10	15	27
Gipuzkoa	4	4	10	18
Álava	3	2	1	6
Subtotal	9	16	26	51
Navarra	18	2	1	21
Total	27	18	27	72

Las cifras indican los totales de electos en todo el periodo.
Fuente: Elaboración propia. Datos extraídos: Gobierno Vasco. Departamento de Seguridad. Procesos electorales, disponible en https://bitly.ws/3a2Eq; De la Granja (2007: 566-606).

TABLA 3

RESULTADOS ELECTORALES POR CULTURAS POLÍTICAS EN EL PAÍS VASCO Y NAVARRA (16 DE FEBRERO DE 1936). 1ª VUELTA

	DERECHA (tradicionalistas, católicos y monárquicos)	IZQUIERDA (republicanos, socialistas y comunistas)	NACIONALISTAS
Bilbao	21,1	48,5	30,4
Bizkaia	33,6	14,8	51,6
Gipuzkoa	33,0	30,2	36,8
Álava	57,2	22,0	20,8
Navarra	75,3	22,7	2,0
Total	45,6	31,4	23,0

Fuente: Elaboración propia. Datos extraídos: Gobierno Vasco. Departamento de Seguridad. Procesos electorales, disponible en https://bitly.ws/3a2Eq; De la Granja (2007: 566-606).

ACTIVIDAD 3

El contraste entre las tablas de resultados electorales del periodo de la Restauración y de la Segunda República muestra cómo, frente al predominio político casi absoluto de las derechas españolistas, solo a partir de los años treinta irrumpen el nacionalismo vasco y el socialismo. Identifica en las tablas los datos que sustentan esta afirmación.

La tabla 3 "Resultados electorales por culturas políticas en el País Vasco y Navarra (16 de febrero de 1936), 1ª vuelta" muestra la pluralidad de fuerzas políticas que conforman el llamado "triángulo vasco". Identifica en las tablas los datos que sustentan esta afirmación.

La misma tabla también muestra las diferencias provinciales. Identifica la fuerza política predominante en Bilbao y en las distintas provincias.

¿Qué preguntas o reflexiones te sugieren las tendencias dibujadas en estas tablas? ¿Cuáles pueden ser las razones históricas que pueden explicarlas?

En los años treinta, con la irrupción del nacionalismo vasco y del socialismo en el escenario político, la pluralidad vasca responderá a dos ejes de fractura principales: uno, el de derecha-izquierda, y otro, en razón de la identidad nacional. Desde su origen, el nacionalismo vasco se había mostrado divisivo y no integrador; según su fundador, Sabino Arana, no se podía ser al mismo tiempo vasco y español. Con la fractura política en torno a la identidad nacional se erosionó la creencia en la "doble nacionalidad" —o triple, porque además de la española y la vasca estaban las provinciales, muy arraigadas— en la que muchos vascos se reconocían (Rubio, 2003: 87-98).

Durante la Segunda República, se produjo el debate sobre la aprobación de estatutos de autonomía para Cataluña y el País Vasco. En el caso vasco, el debate evidenció que no había un consenso general entre sus diferentes familias políticas sobre qué era, desde el punto de vista político, el País Vasco al que se aspiraba (integrado plenamente en España o con mayor o menor autonomía) y cuál su territorio, su denominación o sus integrantes (si debía incluir o no a Navarra). El nacionalismo vasco, empeñado en lograr la aprobación del Estatuto, tuvo que cambiar de alianzas: tras confirmar que los tradicionalistas —sus aliados más afines por su conservadurismo y religiosidad— se oponían al Estatuto, el Partido Nacionalista Vasco (PNV) debió asumir que la autonomía solo se conseguiría mediante un acuerdo con las fuerzas republicanas progresistas, defensoras del reconocimiento de las autonomías regionales. José Antonio Aguirre, ya líder en aquel entonces del PNV, resumía con claridad lo que iba a suceder: "El Estatuto Vasco tendrá más dificultades cuanto más se acentúe el auge derechista y tendrá más facilidades a medida que decrezca aumentando la izquierda. Esta es nuestra tragedia" (Aguirre, en De Pablo, Mees y Rodríguez Ranz, 2001: 281).

Así, en los años treinta, nacionalidad y pluralidad aparecían ya como realidades definitorias del país: había una identidad territorial asentada y compartida por muchos, y, al mismo tiempo, había una pluralidad de expresiones culturales, políticas y sociales característica de una sociedad en proceso de modernización. Una y otra se relacionaban en tensión; lo hacen todavía hoy. El proyecto político nacionalista pretendía homogeneizar una sociedad plural para recuperar en lo posible la comunidad unitaria desaparecida, y para ello construyó toda una densa red de asociaciones que penetraban en los distintos ámbitos de la vida social y cultural (*batzokis*, organizaciones juveniles, de mujeres, de tiempo libre, periódicos, etc.).

3. LA PLURALIDAD ATACADA

En octubre de 1936 se aprobó el Estatuto de Autonomía con el que por primera vez en la historia las provincias vascas se constituían como una unidad política, con un gobierno común propio, es decir, nacía la "Euskadi política". Sin embargo, dicha aprobación no contó con el respaldo de las distintas fuerzas políticas. La Guerra Civil las dividió entre partidarias y contrarias al golpe militar. Territorialmente, Bizkaia siguió leal a la República —y se convirtió en el espacio donde gobernó el nuevo Ejecutivo vasco—, Gipuzkoa solo resistió dos meses y Álava cayó desde el inicio del lado sublevado. Navarra también apoyó mayoritariamente el golpe de Estado, pero se había apartado ya del proceso estatutario en junio de 1932. Con su apoyo a la sedición militar, las derechas españolistas —tradicionalistas, católicos o monárquicos— no se sintieron identificadas con la imagen de un País Vasco autónomo, solo compartida por nacionalistas, republicanos y partidos y sindicatos de la izquierda.

José Mª de Areilza, alcalde de Bilbao, "Homenaje al Glorioso Ejército y Milicias Nacionales", Teatro Coliseo Albia (Bilbao), 8 de julio de 1937

¡SOLDADOS DE ESPAÑA! ¡VOLUNTARIOS DE LA PATRIA!

Aquí se congrega el pueblo de Bilbao, en sus más amplias y escogidas representaciones, para rendiros tributo espontáneo de profundo agradecimiento. Es la Villa entera que viene a deciros fervorosamente "gracias". La Villa

entera de Bilbao, sometida durante once meses a la más abominable de las tiranías que conocieron los tiempos, porque no se sabía qué repugnaba más en ella: si la ferocidad criminal de los rojos, con todo su estigma de barbarie asiática, o la hipocresía refinada de los nacionalistas vascos, con toda su corte farisea de sotanas y agua bendita. [...]
Pues de esta impresionante alianza entre el salvajismo bestial y la malicia cobarde nos habéis salvado Vosotros, Ejército de España y Milicias Nacionales. Nos habéis salvado por conquista, por la fuerza, a tiros y a cañonazos, en una palabra. [...] Que se conozca de una vez y para siempre la verdad: BILBAO NO SE HA RENDIDO, SINO QUE HA SIDO CONQUISTADO POR EL EJÉRCITO Y LAS MILICIAS CON EL SACRIFICIO DE MUCHAS VIDAS, BILBAO ES UNA CIUDAD REDIMIDA CON SANGRE. A nuestra villa no la salvaron los gudaris, sino los soldados de España, los falangistas y los requetés a costa de esfuerzos heroicos, de jornadas sangrientas de arrojo inigualado; a costa, en fin, de centenares de muertos.
[...] Ha habido ¡vaya que sí ha habido, Vencedores y Vencidos!; ha triunfado la España, una, grande y libre; es decir, la de la FALANGE TRADICIONALISTA. Ha caído vencida para siempre esa horrible pesadilla siniestra y atroz que se llamaba Euzkadi y que era una resultante del socialismo prietista de un lado y de la imbecilidad vizcaitarra por otro [...]
Ha triunfado en cambio la España nueva. [...] Hasta ahora, amigos, podían discutir los polemistas en dialécticas estériles sobre los supuestos derechos de Vizcaya a su autonomía o gobierno propio. [...] La espada de Franco ha resuelto definitivamente el litigio curialesco del vizcaitarrismo y lo ha resuelto de acuerdo con el sentir auténtico de Vizcaya, de acuerdo con la verdadera tradición vizcaína, de acuerdo, no lo olvidéis, con la honda e intensa zona de opinión de la Vizcaya española formada por unos puñados de hombres y mujeres patriotas, exaltados, que no ya desde el 18 de julio, sino desde el 14 de abril, lucharon en nuestra tierra con alma y vida por defender la sacrosanta unidad de la Patria.
La justicia social es otro de nuestros imperativos fundamentales. No ha triunfado un régimen de privilegio, sino un sistema de hondo, de auténtico sentido humano, en el que el trabajo es el primero de los valores en la escala de la jerarquía social. La España que ha vencido sabrá someter las clases al más estricto servicio del interés nacional. No más huelgas, pero también no más especuladores sin conciencia. No más obreros

al servicio de Rusia, pero también no más financieros sin patria al servicio exclusivo del becerro de oro. [...]

¡Soldados de España! ¡Voluntarios de la Patria! Ante la memoria de los que cayeron para siempre fecundando con su sangre la tierra y los montes de Vizcaya, el pueblo de Bilbao jura lealtad eterna a la nueva España y a su Revolución Nacional.

Saludo a Franco. ¡¡¡Arriba España!!!

ACTIVIDAD 4

El discurso de Areilza ilustra sobre la contundencia de las ideas de las fuerzas políticas de derecha que en las elecciones de 1936 arrasan en Álava y Navarra y que, posteriormente, apoyaron el golpe de Estado. En él se muestran los dos ejes de fractura política dominantes en su momento: el de nacionalismo español-nacionalismo vasco, y el de izquierda-derecha. Identifica en este discurso:

- Los presupuestos ideológicos centrales de la identidad nacional española que fundamenta el golpe de Estado.
- Cómo se ataca cualquier otro tipo de lealtad nacional diferente a la española. ¿Por qué crees que Areilza habla con desprecio de la "imbecilidad bizkaitarra"? ¿A qué crees que se refiere?
- Cómo se combate a las perspectivas de las izquierdas.

En este contexto, desde el exterior, el País Vasco fue identificado solo con los republicanos partidarios del Gobierno Vasco que encabezaba el *lehendakari* Aguirre: eran las víctimas del *Guernica* de Picasso, mientras que los de las derechas que legitimaron el bombardeo de la villa foral no eran tenidos por vascos. Desde el exilio, desde la resistencia interior o desde la no colaboración con el régimen, los derrotados lograron instalar una imagen del país que se asociaba con ellos más que con los vencedores. Paralelamente, el nuevo Estado franquista desplegó un nacionalismo español exclusivista y excluyente —que alimentó un intento de reespañolización de la región—, beligerante con cualquier otro alternativo (vasco, catalán, etc.) y con cualquier cultura política distinta de la suya, profundamente antiliberal y partidario de recrear también una comunidad perdida caracterizada por su unitarismo, su catolicidad, la obediencia a un líder y el conservadurismo político; el rechazo de la política de partidos fue su mejor enseña y su aspiración totalitaria la muestra de su objetivo extremo. El pluralismo político, social o lingüístico de la sociedad vasca y española quedó sepultado por la fuerza durante casi cuarenta años, y se subsumió en la clandestinidad o en los espacios privados, conformando lo que se ha denominado "comunidad del silencio" (Gurrutxaga, 1985: 422).

Sin embargo, y cada vez más, la imagen del país que difundía el régimen franquista tenía poco que ver con la real. En la segunda fase de la dictadura, desde finales de los años cincuenta, otro intenso proceso de industrialización lo transformó todo. Como en otras zonas de España, la industria volvió a suponer aquí inmigración, urbanización y cambio de costumbres y de entornos socioculturales. Con esas profundas transformaciones, muchas cosas se modificaron en la etapa final del régimen, lo que afectó a determinados sectores de la comunidad vasca que, de nuevo, sintieron amenazadas su identidad y su cultura. Otra vez el instinto conservacionista de la comunidad se enfrentaba a la posible pérdida de sus esencias y señas de identidad. Antaño lo había hecho en torno a la raza y ahora lo hacía con la lengua como referencia, pero el argumento era el mismo: había que demostrar que se era del país. Fue entonces cuando surgió Euskadi Ta Askatasuna (ETA, 1959).

Esta renovación generacional del nacionalismo reprochaba al PNV que se limitara a esperar el final de la dictadura cuando muriera Franco. ETA trató de enfocar, no sin tensiones internas y escisiones, su defensa de la liberación nacional siguiendo modelos tercermundistas que, al hacer una determinada interpretación del socialismo, permitían atraer a una clase trabajadora que multiplicaba su presencia en el País Vasco fruto de la industrialización y la inmigración. En consecuencia, ETA adoptó el nacionalismo revolucionario como doctrina, la independencia territorial como objetivo y la violencia como instrumento.

4. UN PAÍS MÁS PLURAL QUE PLURALISTA

A partir de aquellos cambios, la vasca se fue convirtiendo en una sociedad plural pero no tan pluralista. Era plural por ser cada vez más moderna y abierta, por el mestizaje producido por diferentes procesos migratorios y por la diversidad de sus identidades. Tras las sucesivas oleadas industrializadoras, el orden tradicional se quebró y emergió una realidad notablemente diversa (cultural, étnica, lingüística, política, social...). Sin embargo, a pesar de su diversidad, presentaba un déficit de pluralismo (Villanueva, 2004: 31). Hemos señalado ya la tendencia homogeneizadora de los nacionalismos, que no perciben la diversidad como riqueza, sino como obstáculo a superar; su idea de construcción nacional, de "hacer pueblo", tiene mucho de eso (Conversi, 2012: 440).

Ahora queremos destacar cómo ETA perfiló su modelo de país e identificó las características a asumir por quienes quisieran pertenecer a él. Desde 1968, la violencia de ETA fue estableciendo por la fuerza los nuevos límites de pertenencia: sobraban los agentes de la dictadura (militares, policías), su personal político autóctono (alcaldes, concejales y cargos públicos vascos) o sus referencias (banderas, monumentos), así como cualquier expresión de su autoridad en el país (edificios, instituciones). Pero, tras la muerte del dictador y ya iniciada la transición a la democracia, el terrorismo siguió señalando a quien se suponía que no era de aquí: empresarios vascos —especialmente el núcleo de Neguri (Morán, 2003)—, periodistas, sospechosos varios —informadores, "confidentes policiales", "traficantes de droga" (García Varela, 2020)—, políticos de la nueva derecha españolista (miembros de la Unión de Centro Democrático, UCD, o de Alianza Popular) y enseguida también de la izquierda no nacionalista.

> Todo chivato será ejecutado. Aislemos al aparato ocupacionista: toda persona que frecuente la compañía de la GC [Guardia Civil], PA [Policía Armada] y BPS [Brigada Político-Social] será ejecutada. ¡La campaña anti-alcaldes va a empezar y quien no dimita será ejecutado!
>
> Fuente: Comunicado de ETA en septiembre de 1975. Cfr. Pérez (2021: 239).

> La represión se ejerce desde el poder y todo aquel que aparezca detentándolo es culpable. Si la represión se desencadena sobre una localidad, el alcalde es tan responsable como el comandante de la guardia civil, puesto que legalmente participa con él del poder. Si como sucede, esta situación legal no es además real, que dimitan. [...] Hemos concedido a los alcaldes un plazo de dos meses, pero el plazo ha terminado y vamos a pasar a la acción.
>
> Fuente: Comunicado de ETA en septiembre de 1975. Cfr. Pérez (2021: 237).

> Hoy hay dos poderes políticos en pugna en Euskadi: por una parte, el fascismo en forma de dictadura franquista, continuismo, aperturismo, juancarlismo o cualquier otra cosa y cara que puedan adoptar, y por la otra las fuerzas populares vascas, de las que ETA es su organización armada. Usted ha de estar con unos o con otros, decida pues, no hay neutralidad posible. Si no es usted fascista demuéstrelo, ayude al Pueblo. Usted tiene dinero, dinero extraído en forma de plusvalía, del trabajo de sus obreros, con el que paga los impuestos que sostienen al Estado fascista. Las fuerzas populares vascas también necesitan dinero para desarrollar su lucha. [...] Si no hace la entrega [del dinero] el día fijado, lo buscaremos hasta ejecutarlo.
>
> Fuente: Carta de extorsión de ETA en septiembre de 1976.
> Cfr. Pérez (2021: 359-360).

ACTIVIDAD 5

¿Cómo se ilustra la postura radicalmente contraria al pluralismo en las declaraciones de ETA? Considera los siguientes aspectos:

- La construcción de identidades dicotómicas (nosotros/los otros) en virtud de la cual se justifican la exclusión y la violencia.
- El uso de estereotipos que homogeneizan la identidad de "nosotros" y los "otros".
- La consideración de que la propia postura es reflejo de una verdad absoluta y de una vocación de justicia incuestionables.
- La obligación de estar con "nosotros" y contra los "otros".

La vasca se conformó desde el inicio de la Transición como una sociedad con una identidad marcadamente nacionalista, en la que las fuerzas de ese signo obtenían la mayoría de los sufragios populares y gobernaban las instituciones tanto autonómicas como provinciales y locales. Era la expresión de la voluntad ciudadana, no el resultado de ninguna coacción insuperable. Ello pudo ser fruto del sentimiento antifranquista y de la reacción social contra el nacionalismo español del régimen, de la consideración de ETA como vanguardia del antifranquismo —sobre todo a partir del Juicio de Burgos (1970) y del asesinato de Carrero Blanco (1973)— y de la capacidad de recuperación del PNV, que fue quien más se benefició en términos electorales (Gobierno Vasco, 1980).

Ya en 1978, el historiador Juan Pablo Fusi ofrecía, en un artículo de prensa titulado "El pluralismo vasco" (*El Correo Español*, 2 de marzo de 1978), una reflexión que tenía un punto de advertencia: debía prevalecer el pluralismo como fundamento de las instituciones políticas y de los proyectos culturales vascos porque algunas propuestas, entonces respaldadas por una opinión pública muy nacionalista, se dirigían a disolver o a ocultar la realidad de esa diferencia constitutiva de la sociedad, a percibir el pluralismo como lastre.

Juan P. Fusi Aizpurúa, "El pluralismo vasco",

***El Correo Español-El Pueblo Vasco*, 2 de marzo de 1978**

Muchas interpretaciones del problema vasco adolecen de una ignorancia considerable de la realidad histórica y cultural del País Vasco. [...] hay una tendencia generalizada a [...] identificar la personalidad histórica vasca con un limitado número de rasgos y hechos aparentemente representativos de la singularidad de la mentalidad colectiva, de la cultura y de la historia vascas. [...] Y cabe preguntarse en qué medida esa imagen, esos estereotipos, contribuyen a dificultar una comprensión correcta del actual problema vasco.

[...] En mi opinión, ninguna explicación [de este] podrá ser válida si no parte del reconocimiento de la pluralidad cultural y política del pueblo vasco en su historia, si no se admite como una realidad empírica incontrovertible la diversidad de formas de expresión de la identidad vasca [...].

En otras palabras, el País Vasco se caracteriza por un dualismo lingüístico, un amplio pluralismo político, una variedad de mentalidades y hábitos de comportamiento social, una compleja estructura social y económica. No se trata, obviamente, de negar la conciencia unitaria que los vascos tienen de su personalidad histórica, sino de fundamentar aquella sobre bases cultural y políticamente plurales [...].

Piénsese, por ejemplo, en el dualismo lingüístico. Nadie negaría que el euskera es la lengua nacional vasca, uno de los fundamentos de la identidad nacional del pueblo vasco. Pero no es menos cierto que el castellano ha sido igualmente instrumento de expresión de sentimientos y preocupaciones genuinamente vascas, que ha sido la lengua que, paradójicamente, ha permitido el desarrollo de una parte considerable de la cultura escrita vasca. [...] No es comprensible que se excluya de la literatura y del pensamiento vascos a Unamuno, Baroja, Meabe, Maeztu (o, en la posguerra, a Otero, Celaya, Aldecoa, Zubiri, Artola) y a tantos otros escritores o intelectuales que ni han escrito en lengua vasca, ni han estudiado problemas estrictamente vascos. [...] la proyección exterior de la obra de muchos intelectuales nacidos en el País Vasco es una constante de su historia cultural: ¿no representará por tanto una tradición tan genuinamente vasca como la tradición intelectual propiamente localista y euskaldun?

Y piénsese, por otra parte, en el pluralismo político. [...] El carlismo, por su defensa de las tradiciones forales, anticipó de alguna manera el sentimiento de identidad vasco. El nacionalismo fue más lejos: planteó la definición del País Vasco como nacionalidad propia y distinta. Ambas fuerzas han tenido una influencia considerable en la política local. Pero no han sido las únicas, ni han sido las suyas las únicas concepciones políticas y culturales del País Vasco válidas, coherentes e influyentes en la opinión. Se ha minimizado la importancia histórica de otras corrientes de opinión que han representado igualmente las aspiraciones del pueblo vasco. Se ha olvidado que el liberalismo vasco del siglo XIX, importante en los núcleos urbanos, fue siempre fuerista, que hubo una interpretación liberal de los Fueros. No se ha destacado suficientemente la fuerza que la tradición republicano-democrática, izquierdista, alcanzó en Bilbao, Eibar, Baracaldo, Irún, San Sebastián y otras localidades vascas; y no se ha indicado que el republicanismo vasco anterior al 36 fue autonomista y, además, mayoritariamente autónomo (esto es, no vinculado organizativamente a partidos nacionales). Tampoco se quiere reconocer que el socialismo vasco pronto incorporó a su programa —mucho antes de 1936, desde luego— la necesidad del reconocimiento jurídico de la personalidad histórica vasca. El Estatuto de 1936 fue el Estatuto de las izquierdas, obra casi personal de Indalecio Prieto. Y, finalmente, se silencia que el partido comunista vasco sostuvo con un radicalismo vasquista sorprendente el derecho a la autodeterminación del País Vasco desde el mismo momento de su creación, en 1933. Carlismo, liberalismo, nacionalismo, republicanismo democrático, socialismo y comunismo han sido —y algunos son todavía— ideologías diversas que han canalizado las inquietudes políticas de los vascos. Y aún habría que añadir, para ser justos, otras, desde el fascismo puro hasta la muy reciente izquierda *abertzale*. [...]

Y esto es lo que interesa al propósito de este artículo. Toda interpretación liberal y democrática del hecho vasco debe, en mi opinión, asumir la realidad del pluralismo como característica de la identidad nacional e histórica del pueblo vasco. Y, consecuentemente, debe hacer de ese pluralismo el fundamento de las instituciones políticas y de los proyectos culturales vascos. La pluralidad cultural, que implica discrepancia, libertad y crítica, es la mejor garantía de la proyección histórica de un pueblo, la mejor defensa de su identidad.

ACTIVIDAD 6

Este artículo fue escrito en 1978, al inicio de la Transición, y en su momento ofreció una reflexión pionera.

- ¿En qué aspectos estás de acuerdo con él y en cuáles no? ¿Por qué?
- ¿Qué de lo que plantea Fusi sigue vigente hoy y qué no? ¿Por qué?

Lo mayoritario de las opciones nacionalistas en el inicio del autogobierno, la estrategia gestada desde las nuevas instituciones autonómicas monopolizadas por el PNV y la acción letal y antidemocrática de las diferentes marcas de ETA (atentando y amenazando a los que no tomaban por vascos) justificaban aquella reflexión.

El ámbito político de ETA pretendió, ya en la primavera de 1977, un mes antes de las primeras elecciones a Cortes, condicionar el proceso de transición a la democracia constituyendo un Frente Nacional que agrupara a las fuerzas nacionalistas para boicotear con la abstención aquella cita electoral o para presentar candidaturas conjuntas. Un frente de estas características supone "una concepción beligerante contra la composición plural de la sociedad vasca, al pretender obviar, anular o invisibilizar a las fuerzas políticas no nacionalistas" (y a la ciudadanía que representan) (Rivera y Fernández Soldevilla, 2019: 22). Se puede hacer y no por ello resulta antidemocrático, pero sí que limita y reduce la pluralidad de la opinión ciudadana y del voto, polarizando a la vez las posiciones. Sin embargo, en 1977, en la llamada Cumbre de Chiberta, el PNV rechazó esa propuesta y apostó claramente por su contraria: participar con listas propias e incluso hacerlo para el Senado con los socialistas en un Frente Autonómico.

Ante el referéndum para la aprobación de la Constitución, ETA militar optó por la abstención ya que, a su juicio, la Carta Magna, por española, no les concernía; ETA político-militar se identificó con el rechazo, percibiendo que este podía facilitar la negociación de un Estatuto nacional de autonomía. En el plebiscito constitucional (6 de diciembre de 1978) se evidenció el significativo peso de la opción abstencionista, estrategia también defendida por el PNV. Esto hizo que el apoyo a la aprobación de la Constitución fuera significativamente bajo en el País Vasco. Del total de personas que podían votar, lo hicieron a favor el 42% en Álava, el 28% en Gipuzkoa, el 31% en Bizkaia y el 50% en Navarra (Letamendia, 1994, vol. II: 219). Por su parte, el Estatuto de Autonomía de Gernika (1979) suscitó la postura favorable de la rama de ETA político-militar y la oposición de ETA militar. Aunque los resultados del referéndum mostraron también un significativo índice de abstención (40%), el Estatuto fue aprobado por el 54% del censo (Letamendia, 1979: 254). Si bien los posicionamientos políticos expuestos podrían considerarse legítimos en una democracia, el intenso uso de la violencia les confirió un significado particular porque las distintas ramas de ETA buscaron condicionar políticamente la Transición con continuas acciones violentas que atacaban la pluralidad de la sociedad vasca.

Precisamente, durante los "años de plomo" del terrorismo (1978-1980) y los que les siguieron, ETA se aplicó sistemáticamente a delimitar la composición humana del País Vasco —expulsando a cuantos tomaba por ajenos— y a hacer desaparecer la presencia de España (tanto del poder institucional del Estado como de la identificación nacional expresa de sus partidarios). La figura del "transterrado", el expulsado de un territorio por motivos políticos, se convirtió en la expresión más patente de ese empeño por definir el nosotros vasco por la fuerza; su alcance en número de personas es impreciso y difícil de determinar, pero lo sustantivo es que ETA y la izquierda *abertzale* llevasen a cabo ese proceso exitosamente (Rivera y Mateo, 2021: 12). Este uso persistente de la violencia significó un ataque contra la pluralidad y contra el pluralismo porque implicó la desaparición de fuerzas políticas casi al completo: en este periodo, la "espiral de silencio" redujo a la nada a la otrora potente derecha españolista (Fernández Sebastián, 1995). Incapaz de confeccionar listas con candidatos amenazados o de llevar a cabo una actividad normalizada, parte de su espacio social optó por "mutaciones ideológicas salvavidas" (votar a otros, como al PNV o a los socialistas) o por la autocensura (Angulo, 2018). Primero fueron diez políticos del franquismo, pero, en 1980, las diferentes ramas de ETA asesinaron a cuatro dirigentes vascos del partido del gobierno (la UCD de Adolfo Suárez) y pronto a uno socialista (el senador Enrique Casas, en 1984).

Además, las instituciones vascas no hacían todo lo necesario para defender y fortalecer el pluralismo. Desde su capacidad de control institucional, el nacionalismo se aplicó durante los años ochenta a construir una sociedad a su imagen, hasta confundir el país con su modelo partidario. Lo reconoció después, tras la escisión interna del PNV, en 1986, que forzó a ese partido a compartir el poder con los socialistas; así, de la exclusividad se pasó al pluralismo institucional. Su máximo líder entonces, Xabier Arzalluz, asumió en el conocido como "discurso del Arriaga" (enero de 1988) que su partido había tendido "a considerar que Euzkadi es un patrimonio nacionalista, y a equiparar el concepto de vasco con el de nacionalista". "Pero esa concepción es injusta —concluía—, es agresiva y es antidemocrática. Euzkadi es de todos los vascos. Y será libre en la medida en que todos sepamos respetarnos mutuamente" (De Pablo, De la Granja y Mees, 1998: 169; De Pablo y Mees, 2005: 423-424). El "espíritu del Arriaga" puso en valor por un tiempo la pluralidad de la sociedad vasca, que se representaba en esa coalición gubernamental de las dos culturas políticas principales desde la Guerra Civil y que daba margen a la tercera, a la derecha españolista, a recuperar su espacio tradicional.

En términos de reconocimiento del pluralismo, el "espíritu del Arriaga" y el Pacto de Ajuria Enea (1988) se retroalimentan mutuamente. El texto de Ajuria Enea, un acuerdo en contra de la violencia firmado por todos los partidos excepto por Herri Batasuna (HB), comenzaba con una condena moral y política sin paliativos de la violencia considerándola una práctica "éticamente execrable" que mostraba el máximo desprecio hacia la voluntad popular (art. 1º). Insistía en la ilegitimidad de los violentos para ser interlocutores en cualquier proceso de diálogo sobre problemas políticos (art. 2º b y art. 10º), pero también en la defensa de la legitimidad de todas las ideas políticas expresadas democráticamente (art. 8º). Por otro lado, reclamaba el Estatuto de Gernika como piedra angular que expresaba la voluntad mayoritaria de la ciudadanía vasca, una norma institucional que debía desarrollarse plenamente (art. 2º a y art. 2º b) y que era susceptible de reforma mediante los procedimientos establecidos en el propio Estatuto y en la Constitución (art. 2º c) (Sáez de la Fuente, 2004: 154). Ya en aquel entonces, surgió una cuestión que marcaría posteriormente el devenir de las discrepancias: los nacionalistas creían que el Pacto debía tener entre sus motivaciones la incorporación de HB al juego político bajo la clave de un final dialogado de la violencia, mientras que, para los no nacionalistas, su espíritu priorizaba, desde una perspectiva ética, la dicotomía entre demócratas y violentos, la cual debería reemplazar la división entre nacionalistas y no nacionalistas.

Tal y como se visibilizó en el Pacto de Ajuria Enea, el terrorismo sumó otra línea de fractura a la política vasca, esta vez entre ETA (y la izquierda *abertzale*) y el resto de fuerzas políticas. No en vano, desde el tardofranquismo y la Transición, más que en un "triángulo vasco", estábamos ya en una realidad de cuatro culturas políticas enfrentadas: nacionalismo moderado (PNV, Eusko Alkartasuna, EA y Euskadiko Ezkerra, EE), nacionalismo radical (HB), izquierda no nacionalista (Partido Socialista de Euskadi, PSE e Izquierda Unida, IU) y derecha no nacionalista (Partido Popular, PP, y antes UCD).

A mediados de los noventa, precisamente cuando la sociedad vasca estaba respondiendo al terrorismo con el activismo de los grupos pacifistas, con la visibilización cada vez más manifiesta de las víctimas y sus asociaciones o con el Pacto de Ajuria Enea, ETA puso en marcha la estrategia de la "socialización del sufrimiento", relacionada con la ponencia *Oldartzen* que aprobaron en 1994 los afiliados a Herri Batasuna, e interpretada como reacción a la detención de la cúpula etarra en Bidart dos años antes.

> Nosotros pensamos que no vamos a vencer la lucha vasca por medio de los votos. Lo que estaba pasando en los últimos años era que los presos y otros tantos problemas eran exclusivamente de la izquierda *abertzale*. ¿Cuál es la solución? Socializar las consecuencias de la lucha. De este modo la gente dirá: "Esta es una cuestión que tenemos

en este barco y la tenemos que arreglar porque todos estamos dentro". Aunque esta lucha tenga un costo electoral, si trae una solución más rápida al problema, entonces es positiva (declaraciones de Joseba Álvarez, dirigente de Herri Batasuna, *Irutxulo*, 27 de diciembre de 1996).

Mediante una estrategia que combinaba los atentados con una intensa violencia callejera que multiplicaba las dosis de acoso e intimidación (*kale borroka*), se pretendía ampliar la amenaza más allá de policías y militares, implicando a otros colectivos como políticos no nacionalistas, jueces, periodistas, profesores universitarios, empresarios, etc., con un doble objetivo: potenciar la limpieza ideológica y conseguir una mayor repercusión social para que la ciudadanía exigiese a sus responsables políticos que se sentasen a negociar con ETA. La organización armada atentaba contra la pluralidad aprovechando que parte de la sociedad vasca, en su ímpetu nacionalizador, no asumía su diversidad interna. El impacto de esta estrategia en términos de pluralismo fue demoledor pues convirtió en "ajenos al país" a todo tipo de colectivos críticos con sus dictados. El sociólogo y pacifista Imanol Zubero describió así la situación:

> Las víctimas del terrorismo, en Euskadi, han sido víctimas de una determinada perspectiva sobre lo que esta sociedad debe ser. Una perspectiva cuya característica más destacable es la de considerar que en el nosotros vasco que pretenden construir hay determinadas personas que están de sobra. Personas que, porque están de sobra, deben ser puestas más allá —*ex terminus*— de la frontera moral que define ese nosotros. ¿A través de qué medios? Puede ser mediante la amenaza y el amedrentamiento, de manera que finalmente opten por dejar el país. O puede ser, también, mediante la más expeditiva eliminación física. Las víctimas del terrorismo, pues, constituyen una comunidad caracterizada por el hecho de que todas ellas han sido asesinadas o malheridas tras haber sido previamente definidas como población sobrante. La limpieza étnica, la eliminación del diferente, sólo es posible sobre las ruinas de la comunidad de aceptación mutua (Zubero, 2008: 274).

A mediados de los años noventa, el llamado "péndulo patriótico", es decir, la tensión característica del PNV entre sus exigencias políticas maximalistas (la independencia) y su pragmatismo autonomista, llevó a este partido a apostar por una agrupación de actores políticos nacionalistas (Frente Nacional Vasco), propuesta que había rechazado dos décadas antes en la Cumbre de Chiberta. Son diversos los factores que pudieron influir en ese cambio. En este texto nos limitamos a señalar algunos de los más significativos. En el plano internacional, se produjo otra "primavera de los pueblos" con la creación de nuevas repúblicas independientes tras la disolución de la Unión Soviética o la posterior resolución pactada del conflicto norirlandés (Acuerdo de Stormont, 10 de abril de 1998). En el plano nacional, tuvo lugar la llegada al Gobierno de España del Partido Popular (1996) y creció el hartazgo social contra la violencia terrorista, visible en las reacciones masivas contra asesinatos como el de Miguel Ángel Blanco. En el plano autonómico, todos los grupos nacionalistas aprobaron en el Parlamento Vasco una resolución en favor del derecho a la autodeterminación (1990) y los dos sindicatos nacionalistas, ELA-STV y LAB, sentenciaron que el Estatuto de Autonomía de Gernika "estaba muerto" (1994), hechos que se sumaron a un acuerdo de gobierno entre PNV, EE y EA de corta duración, pero que rompió la trayectoria de pactos bipartitos entre nacionalistas y socialistas inaugurada a mediados de los ochenta. Por otro lado, ETA apostó por una nueva fórmula negociadora, la Alternativa Democrática (1995), que reforzaba su pretensión de ser agente privilegiado de interlocución política para garantizar el derecho a la autodeterminación, la unidad territorial (con Navarra) y la amnistía, y la salida de las Fuerzas y Cuerpos de Seguridad del Estado de Euskadi, de modo que los actores políticos y sociales se debían limitar a concretar las fórmulas para el ejercicio de tales derechos. Finalmente, el llamado "espíritu de Ermua", surgido al calor de las movilizaciones contra el asesinato de Blanco, con su denuncia del "nacionalismo obligatorio", hizo creer a sectores significativos del PNV que lo que se buscaba no era la derrota de ETA sino la del conjunto del nacionalismo y centraron aún más sus esfuerzos en protagonizar un posible final dialogado de la violencia en el marco de una especie de segunda transición sensible a las reivindicaciones nacionalistas (Sáez de la Fuente, 2004: 159-160).

El Plan Ardanza (1998) marcó un antes y un después en la estrategia del PNV frente a la pacificación: el rechazo con distintos matices por parte del PP y del PSOE, por considerar que ahondaba en la fractura entre nacionalistas y no nacionalistas, lo convirtió en papel mojado, pero también significó el final del Pacto de Ajuria Enea. Las reiteradas y contundentes declaraciones hechas por el *lehendakari* Ardanza en esos años noventa en el marco de la Mesa de Ajuria Enea, estableciendo una distancia insalvable con el entorno político de ETA, no presagiaban el fin de la unidad antiterrorista de ese pacto transversal, pero así ocurrió y una de las primeras muestras de ese cambio de estrategia fue la presentación de su propio plan de paz. Este partía de la imposibilidad de una derrota policial de ETA, del imperativo de ir más allá de las condenas éticas y de la importancia de convencer a ETA y a HB de que la violencia era inútil. El cese de la violencia y la negación de cualquier posibilidad de que la organización armada pudiera ejercer como interlocutora eran condiciones previas para cualquier "diálogo político resolutivo".

El Plan Ardanza, si bien reconocía que el problema consistía en la contraposición identitaria de visiones de la ciudadanía vasca acerca de "lo que somos y lo que queremos ser (también en relación con España)" y no en una supuesta confrontación agónica entre Euskadi y España, llegaba a la conclusión de que no podía considerarse el reconocimiento del derecho a la autodeterminación una condición previa ni situar a la Constitución y al Estatuto de Gernika como límites insalvables, de modo que la autodeterminación podía convertirse en un factor de consenso y de reconciliación si así lo entendían los agentes implicados. Además, minimizaba el papel de las instituciones del Estado, subrayando que estas debían mostrar su disposición a dejar la resolución dialogada del "conflicto" en manos de los partidos representativos de la sociedad vasca y a hacer propios los acuerdos que pudieran alcanzar las instituciones vascas, debiendo ceñirse a pactar con estas su incorporación al ordenamiento jurídico (Sáez de la Fuente, 2004: 163-165).

No obstante, la verdadera convergencia entre las fuerzas nacionalistas y la exclusión de las no nacionalistas se produjo en el Pacto de Estella (o Lizarra), suscrito el 12 de septiembre de 1998 por partidos, sindicatos y agrupaciones nacionalistas, a quienes se unió IU. Este acuerdo evidenció la unanimidad nacionalista —seriamente debilitada tras la firma de Ajuria Enea y durante la primera fase de "socialización del sufrimiento"— bajo el punto de vista de que "el contencioso vasco es un conflicto histórico de origen y naturaleza política en el que se ven implicados el Estado español y el Estado francés", y el supuesto de la imposibilidad de una derrota policial de ETA. Sus contenidos se centraban en la autodeterminación, la territorialidad, el diálogo sin exclusiones y sin condiciones, y el derecho de consulta del pueblo vasco, al que le correspondería en exclusiva la última palabra sobre su estatus jurídico-político. En ningún momento se aludía a ETA; solo se refería a la necesidad de una "ausencia permanente de todas las expresiones de violencia" al transitar del "diálogo preliminar" al "diálogo resolutivo".

El texto se estructuró en dos partes: una contenía los elementos que los firmantes tomaban del proceso de paz de Irlanda del Norte y la otra se centraba en su aplicación a Euskadi, minimizando las diferencias entre ambos casos. No solo entre los no nacionalistas, sino incluso entre determinados sectores del nacionalismo moderado cundió la sensación de que se retrocedía al periodo previo al "espíritu del Arriaga", porque Lizarra, al dibujar un proyecto de afirmación identitaria que dejaba fuera a buena parte de la sociedad vasca, se olvidaba de la pluralidad de visiones de país y hacía inviable el pluralismo.

Contraste sobre la comprensión del conflicto vasco, de la violencia y de sus vías de resolución en tres documentos históricos clave

Declaración de la Mesa de Ajuria Enea tras el asesinato de Miguel Ángel Blanco

"[...] abandonada del Pueblo, ETA sigue teniendo cómplices entre nosotros. Menos que ayer, sin duda, pero todavía demasiados. Hoy queremos denunciarlos. Se llaman Herri Batasuna. No podemos no considerarlos cómplices de este vil asesinato. Y así lo denunciamos. [...] Ellos mismos nos han forzado a pensar que, o bien quienes dirigen la coalición están en el mismo diseño del crimen, o bien lo estimulan o lo provocan con sus palabras. Que lo tengan en cuenta sus seguidores. Su apoyo y su silencio les hace cómplices también a ellos. Les ha llegado la hora de tomar decisiones. Este Pueblo las exige. [...] No podremos actuar conjuntamente en la defensa de ninguna causa, por legítima que en sí sea, con quienes, con su palabra de apoyo o su silencio cobarde, se han hecho cómplices de tan abominable asesinato. [...] Nosotros no clamamos venganza, sino justicia".

Fuente: Mesa de Ajuria Enea (13 de julio de 1997: 2-3).

Plan Ardanza

"[...] no podrá hacer tabla rasa de lo que el sistema democrático ha ido construyendo hasta ahora (Constitución, Estatuto, instituciones de autogobierno) ni considerar cerrado el proceso en los límites de lo hasta ahora construido. Tanto lo uno como lo otro equivaldría a obligar a uno u otro interlocutor a negarse a sí mismo y su propia razón de ser —no hablo de la razón de ser del terrorismo, que no tiene ninguna, sino de la razón de ser de lo que en él subyace—: la disidencia cívico política de una notable porción de la sociedad que, girando en torno al terrorismo, no está dispuesta a aceptar el *statu quo*".

Fuente: Proyecto Ardanza en Orella (1998: 32).

Pacto de Lizarra

(potencial aplicación a Euskal Herria)

1. Identificar el "contencioso vasco" como un conflicto histórico de naturaleza política en cuestiones relativas a la territorialidad, el sujeto de decisión y la soberanía política.
2. Su método de resolución es el diálogo y la negociación sin exclusiones.
3. El proceso debe incluir una fase preliminar —constituida por conversaciones multilaterales sin condiciones previas infranqueables— y otra resolutoria, donde se abordan las causas del conflicto "en ausencia permanente de todas las expresiones de violencia".
4. Negociación global, sin agendas limitadas.
5. Las claves de la resolución son la inexistencia de imposiciones específicas, respeto a la pluralidad de la sociedad vasca y depositar en los ciudadanos la última palabra, palabra que ha de ser respetada por todos los Estados implicados.

Fuente: Elaboración propia de acuerdo a datos extraídos de Herri Batasuna (1999: 435-436).

Por si fuera poco, el Pacto de Lizarra fue simultáneo de otro secreto firmado entre PNV, EA y ETA donde se identificaba a los partidos no nacionalistas (PP y PSOE) por su común objetivo en "la destrucción de Euskal Herria y la construcción de España", y se instaba a romper todos los acuerdos con ellos, lo que suponía, no solo reconocer a la organización armada como actor político, sino dinamitar la aceptación del pluralismo de la sociedad vasca que caracterizó a Ajuria Enea. Se privilegiaba la acumulación de fuerzas nacionalistas incluyendo en ella a una organización armada que pretendía eliminar cualquier manifestación de la pluralidad de la sociedad. No obstante, el pragmatismo político de los dos partidos los llevó a incluir en la propuesta de desarrollo del acuerdo la posibilidad de recurrir a otras fuerzas políticas (aunque no fueran nacionalistas) para garantizar la gobernabilidad.

Acuerdo ETA, PNV, EA (agosto de 1998)

Texto íntegro de los documentos enviados por ETA al diario *Gara* sobre los acuerdos firmados por los partidos nacionalistas y la organización armada (publicado el 30 de abril de 2000)

Euskadi Ta Askatasuna, Euzko Alderdi Jeltzalea-Partido Nacionalista Vasco y Eusko Alkartasuna, tomando en consideración la situación que vive Euskal Herria, y con la intención de abordar una nueva etapa en el conflicto con España, firman el siguiente acuerdo de base:

1. Los firmantes del Acuerdo asumen el compromiso de dar pasos efectivos para la creación de una institución única y soberana que acoja en su seno a Araba, Bizkaia, Gipuzkoa, Lapurdi, Nafarroa y Zuberoa. Uniéndose a las fuerzas políticas y sociales que tienen el mismo objetivo, y en el camino de creación de esa institución suprema, impulsarán, apoyarán y pactarán todas las iniciativas que tengan como objetivo la superación institucional y estatal existente actualmente.
2. Los firmantes del Acuerdo asumen el compromiso de crear dinámicas y de llegar a acuerdos puntuales y de largo plazo con las fuerzas favorables a la construcción de Euskal Herria o favorables a los derechos de Euskal Herria y en torno a las mínimas y básicas necesidades de nuestro Pueblo.
3. EAJ-PNV y EA asumen el compromiso de abandonar todos los acuerdos que tienen con las fuerzas cuyo objetivo es la destrucción de Euskal Herria y la construcción de España (PP y PSOE).
4. Euskadi Ta Askatasuna, por su parte, asume el compromiso de proclamar un alto el fuego indefinido. Si bien el alto el fuego será total e indefinido, se mantienen las tareas de abastecimiento, así como el derecho a defenderse en un eventual enfrentamiento.

Euskal Herria, agosto de 1998.

ACTIVIDAD 7

Lee los fragmentos de la Declaración de la Mesa de Ajuria Enea (1997), del Plan Ardanza (1998), del Pacto de Lizarra (1998) y del Acuerdo ETA-PNV-EA (1998). Identifica cuál es el planteamiento en cada uno de ellos de distintas fuerzas políticas nacionalistas y no nacionalistas. ¿Qué criterios sustentan ese planteamiento? ¿Qué consecuencias tiene cada uno de ellos para el pluralismo?

En aquellos años de cambio de siglo, el país vivió el momento más dramático y más cercano a la ruptura social de su reciente historia, donde los sectores políticos nacionalista y no nacionalista dejaron de relacionarse por completo. La teoría más sectaria de ETA imaginaba un país conformado por dos bandos o comunidades completamente escindidas, el nacionalista y el no nacionalista, algo que no había sido así en la realidad cotidiana (Rivera, 2019). Con ese acuerdo, el rechazo del pluralismo y la anulación de la pluralidad constitutiva de la sociedad vasca llegaban a su máximo nivel, y lo hacían desde la anuencia institucional. A todo ello contribuía el entorno político de ETA, asumiendo un papel protagonista en las campañas de acoso e intimidación hacia el diferente materializadas en una violencia "de baja intensidad".

En noviembre de 1999, ETA rompió la tregua decretada al calor del Acuerdo de Estella y, dos meses después, inició una nueva escalada violenta que dejó en suspenso —y luego rompió, tras el asesinato del *exvicelehendakari* Fernando Buesa— la relación gubernamental del PNV-EA con la izquierda *abertzale*. Al año siguiente, el *lehendakari* Ibarretxe presentó un plan soberanista ("Reconocimiento del ser para decidir"). Se desarrollaría en ausencia de violencia y partía, como el Acuerdo de Estella, de un teórico reconocimiento de la pluralidad de la sociedad vasca, pero obviando otra vez a la parte no nacionalista de esta. La huida hacia adelante que suponía la estrategia del PNV conllevaba el cuestionamiento total del Estatuto de Gernika como punto de encuentro de visiones distintas de la sociedad vasca; de hecho, la propuesta de Ibarretxe de acordar su plan "con Madrid" para desarrollar un nuevo modelo de relación con el Estado basado en la "libre asociación", y no con todas las fuerzas políticas vascas, era reflejo de la fractura social interna heredada de Lizarra y de su renuncia a gobernar para todos los vascos (De Pablo y Mees, 2005: 456-457). El plan fue rechazado por las Cortes españolas en febrero de 2005.

Nuevo Estatuto Político o Plan Ibarretxe

Preámbulo

El pueblo vasco tiene derecho a decidir su propio futuro, tal y como se aprobó por mayoría absoluta el 15 de febrero de 1990 en el Parlamento Vasco, y de conformidad con el derecho de autodeterminación de los pueblos, reconocido internacionalmente, entre otros, en el Pacto Internacional de Derechos Civiles y Políticos y en el Pacto Internacional de Derechos Económicos, Sociales y Culturales. [...]

Este pacto político se materializa en un nuevo modelo de relación con el Estado español, basado en la libre asociación y compatible con las posibilidades de desarrollo de un estado compuesto, plurinacional y asimétrico. [...]

Artículo 1. De la comunidad de Euskadi

Como parte integrante del pueblo vasco o Euskal Herria, las ciudadanas y los ciudadanos que integran los territorios vascos de Araba, Bizkaia y Gipuzkoa, en el ejercicio del derecho a decidir libre y democráticamente su propio marco de organización y de relaciones políticas, como expresión de la nación vasca y garantía de autogobierno, se constituyen en una comunidad vasca libremente asociada al Estado español, en un marco de libre solidaridad con los pueblos que lo componen, bajo la denominación de Comunidad de Euskadi o Euskadi, a los efectos del presente Estatuto.

Artículo 2. Territorio

1. Se reconoce el derecho de los territorios vascos de Araba, Bizkaia, Gipuzkoa, Lapurdi, Nafarroa, Nafarroa Beherea y Zuberoa a vincularse a un marco territorial común de relaciones, de conformidad con la voluntad de sus respectivas ciudadanas y ciudadanos [...]

Fuente: Estatuto Político de la Comunidad de Euskadi, Comisión de Instituciones e Interior, 2005.

La tensión social y la ruptura de comunicación entre todas las fuerzas políticas marcaron este proceso: la división en dos de la ciudadanía —nacionalistas vascos y los llamados constitucionalistas— se visibilizó en las calles, llegando a su extremo en la manifestación de protesta por el asesinato de Buesa, en Vitoria. Un acto de repulsa frente a un magnicidio se convirtió en escenario de confrontación entre el sector nacionalista que aclamaba al *lehendakari* Ibarretxe y el no nacionalista que exigía su dimisión. Entre los dos bloques, el miembro de Gesto por la Paz Txema Urkijo sostenía un cartel que decía: "¿Qué país queremos construir si contra el asesinato no vamos juntos?" (*El Correo*, 27 de febrero de 2000).

A lo largo de ese primer decenio del siglo XXI, el País Vasco se consumió en un enfrentamiento político que trascendió de manera importante al día a día de la sociedad. La estrategia identitaria soberanista y la reacción de las fuerzas contrarias a la misma socavaron la evidencia de la pluralidad vasca. Eso explica que, cuando los socialistas sustituyeron a los nacionalistas al frente del Gobierno Vasco, en la primavera de 2009, intentaran convertir el pluralismo en una de las referencias distintivas del nuevo Ejecutivo. Hubo un gran empeño por defender desde el Gobierno el pluralismo y la diversidad, en denunciar que eso era precisamente lo que más combatía el terrorismo con su violencia —y lo que, por tanto, más debía preservarse— y en escapar del anterior debate sobre identidades enfrentadas, reivindicando una común ciudadanía plural, igual en derechos. Así lo afirmaba el *lehendakari* Patxi López:

> Lo voy a decir muy claro: nosotros no vamos a proponer un modelo identitario, porque defendemos la libertad y la diversidad de identidades de los ciudadanos. Nuestra propuesta es garantizar las identidades diversas y sumarlas para garantizar la convivencia de los distintos. ¿Tan difícil les resulta de entender? No queremos enfrentar un uniforme a otro. [...] Somos una sociedad moderna del siglo XXI y no vamos a definir nuestro modelo de país marcando fronteras o uniformando identidades (Patxi López, comparecencia ante los altos cargos del Gobierno, 14 de enero de 2010, disponible en https://bitly.ws/3a2Dk).

El regreso del PNV al Ejecutivo en 2013, de la mano de Iñigo Urkullu, se tradujo en una recuperación por parte del nacionalismo de los términos pluralismo y pluralidad, que en tiempos de Ibarretxe se habían remitido reivindicativamente hacia afuera, demandando un respeto a la diferencia vasca en relación a España, pero no considerándolos hacia adentro, asumiendo la diversidad de su ciudadanía. En el Aberri Eguna de 2010, todavía en la oposición, Urkullu centró el mensaje de su partido en una propuesta Ados —'de acuerdo', en euskera— a partir de los lemas de "Política. Pluralismo. Acuerdo. Respeto", afirmando un "compromiso efectivo con la pluralidad, que supone compartir que esta sociedad tiene identidades plurales que deben convivir en un escenario democrático" (*Deia*, 27 de septiembre de 2010). El argumento se asentó en sus gobiernos futuros, tanto en solitario como compartidos de nuevo con los socialistas. El *lehendakari* Urkullu ha reiterado la defensa del pluralismo especialmente para denunciar las dificultades de los herederos políticos de ETA, una vez disuelta esta organización, para entender y defender ese valor. Así se sumaba al cabo del tiempo a la denuncia tantas veces repetida de que, junto con las víctimas, lo que más atacaba la banda terrorista eran los derechos humanos, la libertad de expresión y la pluralidad constitutiva de la sociedad vasca, tratando de homogeneizarla de manera violenta y amenazante. Precisamente, el papel de las víctimas como símbolo de la libertad y del pluralismo en Euskadi tomó protagonismo en el gobierno de López y en los de Urkullu.

ACTIVIDAD 8

(a) A modo de balance, identifica en el libro las razones por las que se considera que la sociedad vasca ha sido muy plural (diversa), así como las razones por las que se considera que se ha atacado el pluralismo (reconocimiento y valoración de la diversidad como riqueza). ¿Qué fuerzas políticas han sido responsables del ataque al pluralismo? ¿Qué ideas o creencias han encarnado en distintos momentos históricos este ataque al pluralismo? En los últimos siglos, ¿de qué manera se ha atacado el pluralismo?

(b) La siguiente tabla muestra cómo ha variado el sentimiento de identificación nacional en los últimos cuarenta años en Euskadi. Teniendo en cuenta estos datos, responde a las siguientes preguntas:

- ¿Cuáles son los principales cambios que se han dado en el sentimiento de identificación nacional? ¿Cuál es la situación actual?

- ¿De qué manera crees que estos cambios han afectado a la pluralidad y al pluralismo? ¿Cómo los valoras?

TABLA 4
Sentimiento de identificación nacional de la población vasca

	1979	**1989**	**1999**	**2009**	**2018**
Español	14	9	7	5	3
Más español que vasco	6	4	3	2	2
Tan vasco como español	26	34	34	34	37
Más vasco que español	12	18	20	21	23
Vasco	38	31	31	34	30
N.S./N.C. + otras	4	4	5	4	5

Fuente: Elaboración propia de acuerdo con los datos extraídos de Linz (1986), Llera (1994) y Euskobarómetro (2000, 2009, 2018, Departamento de Ciencia Política UPV/EHU).

5. MIRANDO AL PRESENTE Y AL FUTURO: UNA CUESTIÓN DE DIFÍCIL ARREGLO

En este libro hemos querido mostrar cómo, con la consolidación de la modernidad, la sociedad vasca ha tendido a configurarse como una sociedad plural. Esta pluralidad y su gestión en términos de pluralismo han sufrido ataques desde ángulos ideológicos dispares, aunque convergentes, identificados en la fuerza de un nacionalismo divisivo y excluyente que establecía con claridad los criterios de pertenencia a la comunidad y que podía favorecer la normalización, cuando no la justificación, de la violencia contra quienes no los compartían. Durante la Guerra Civil y la dictadura, los partidarios del golpe de Estado buscaron generar una identidad española homogénea, derechista y combativa frente a cualquier otro tipo de lealtad nacional. Durante el desarrollo de la Transición, se evidenció que la creciente hegemonía política, institucional, social y cultural de las distintas marcas electorales del nacionalismo vasco albergaba una intención homogeneizadora de la sociedad vasca para conformarla acorde a su visión del país. La negación de la pluralidad tendía a fundamentarse en el mito de la existencia de un pueblo vasco nacionalista y antifranquista victimizado en la Guerra Civil, mientras que la referencia española se homogeneizaba en términos de villano y opresor, y se presentaba como principal enemigo a combatir.

En Euskadi, no se deben colocar en el mismo plano las responsabilidades de los gobiernos nacionalistas en los déficits de salvaguarda de la pluralidad y del pluralismo, y la acción antidemocrática y letal de ETA, la cual tuvo, entre sus principales objetivos —ya en la Transición y sobre todo en la fase de "socialización del sufrimiento"—, el acoso, la intimidación y la eliminación física de los sectores no nacionalistas, pero sí subrayar su simultaneidad en el tiempo y su carácter complementario. Tampoco se deben analizar todos los periodos históricos desde las mismas claves: los tiempos del "espíritu del Arriaga" y de Ajuria Enea, a pesar del embate feroz del terrorismo, permitieron, no sin dificultades, estrategias de transversalidad política e identitaria, mientras que los de Lizarra y el Plan Ibarretxe llevaron a la sociedad vasca a un grado de polarización política y social sin precedentes que se reflejó con una profunda carga simbólica en el acuerdo firmado entre PNV, EA y ETA antes de la tregua del 98, que consagraba la ruptura de cualquier cauce de entendimiento con el bloque no nacionalista, y en la manifestación contra el asesinato del *exvicelehendakari* Fernando Buesa. Mientras, tanto el gobierno socialista de Patxi López como los de Urkullu han mostrado posturas más favorables a la pluralidad y al pluralismo, pero los mitos y los discursos simplificadores que han ayudado a normalizar y a legitimar la violencia siguen todavía latentes en determinados sectores de la población.

Del caso concreto del País Vasco se pueden extraer algunos aprendizajes y reflexiones que nos ayudan a entender mejor las tensiones en las que se debaten la pluralidad y el pluralismo en las sociedades actuales y que pueden condicionar las maneras de construir el futuro.

Pluralismo e identidad son conceptos que se relacionan en tensión. El escritor y periodista Amin Maalouf habló de "identidades asesinas" para referirse a la pasión que lleva incluso a matar en nombre de una etnia, lengua o religión. En el libro de ese título defendía la ciudadanía frente a la adhesión "tribal", comunitaria, y la identidad múltiple y dinámica frente a cualquier esencialismo (Maalouf, 1999: 4-6). Sin embargo, reconocía también la complejidad de esa relación, la dificultad de establecer un procedimiento práctico más allá de invocar convicciones generales y la historicidad de esa tensión al ser producto del tiempo moderno en que vivimos.

El pluralismo, en ese sentido, pretende una ciudadanía dotada de un derecho que iguale a las personas y les permita desde ahí expresar sus diferencias, sin que las identidades se politicen y generen una distinción o singularidad. El comunitarista –tanto da que sea de matriz nacionalista, religiosa o populista, y tanto da que gobierne alguna forma de Estado o que aspire a tenerla– anhela recomponer la unidad de convivencia rota por la diversidad característica de nuestra modernidad. No concibe la sociedad sin identidad, sin algo que intente unirla de nuevo, y verá en esa diversidad la semilla de la anomia social y del individualismo o el peligro de la falta de cohesión.

El problema es que unos apelan a una necesidad –la politización de la identidad– que los otros perciben como amenaza. Unos ven una ciudadanía "sin alma" donde otros encuentran la salvaguarda de su derecho a ser diferentes. Unos aspiran a un espacio abierto donde construir su biografía personal y otros necesitan un proyecto común donde integrarla para que cobre algún sentido, alguna trascendencia. Unos suponen que las instituciones deben unirnos en un afán colectivo y otros solo proteger nuestro derecho a ser nosotros mismos. Unos se centran en el ser y los otros en el estar. La diferente percepción de la ciudadanía y de la sociedad hace poco conciliables a los que piensan de una y otra manera. A partir de ahí, hay grados de tolerancia a la hora de manejar los ideales de cada cual. Para complicarlo más, la cultura política de la modernidad ha legitimado a un tiempo esas dos actitudes: defiende al individuo como base de la sociedad liberal y defiende estructuras comunitarias (el Estado, la nación) como el espacio donde se desarrolla la ciudadanía moderna. A todo ello se le suma la denuncia de quienes consideran que se toma por universal lo que no es sino una generalización de los rasgos del grupo mayoritario o dominante. Ese es el argumento de los nacionalistas, que aspiran a hacer valer la diferencia en relación al resto, aunque al tiempo necesitan homogeneizar su espacio hacia adentro, hacernos más iguales en lo identitario.

El monismo, la convicción de que existe un sistema de valores único y armónico capaz de mejorar las sociedades, se esconde detrás de todo tipo de proyectos ideológicos modernos que tratan de "dar sentido a nuestras vidas, justicia al pueblo y un futuro feliz y perfecto" (Del Águila, 2008). Su enemigo común es el pluralismo y su procedimiento recurrente es la violencia (y, se insiste, lo mismo da que esos proyectos se desarrollen desde el poder o en su contra para cambiarlo, o que se muevan por el estímulo de la emancipación, de la autenticidad o de la democracia).

El peligro de los ideales no es tenerlos, sino cómo se tienen, cómo se subordinan habitualmente a esa común tendencia monista, a una verdad única (Del Águila, 2008: 13-17 y 180). Ya lo advirtió el filósofo Isaiah Berlin al responsabilizar a ese monismo moral, "fuente de diversas visiones escatológicas o utópicas de la vida histórica y social, de la mayor parte de los procesos sociales autoritarios, sectarios, violentos y hasta criminales que se han dado en la historia de la humanidad" (Berlin, 1992). Otro pensador, Jürgen Habermas, se limitó a recordar que "el pueblo" solo se presenta en plural y uno de los más importantes analistas del populismo añadía que "la idea de un único pueblo homogéneo y auténtico es una fantasía" (Müller, 2017: 7-8).

BIBLIOGRAFÍA

ANGULO, Gorka (2018): *La persecución de ETA a la derecha vasca*, Córdoba, Almuzara.

ARREGI, Joseba (2015): *El terror de ETA. La narrativa de las víctimas*, Madrid, Tecnos.

BERLIN, Isaiah (1992): *Árbol que crece torcido. Capítulos de historia de las ideas*, México D.F., Vuelta.

COMISIÓN DE INSTITUCIONES E INTERIOR (2005): "Estatuto Político de la Comunidad de Euskadi". Disponible en https://bitly.ws/3a379.

CONVERSI, Daniele (2012): "Nación, Estado y cultura: por una historia política y social de la homogeneización cultural", *Historia Contemporánea*, 45, pp. 437-481.

DE LA GRANJA, José Luis (2003): *El siglo de Euskadi: El nacionalismo vasco en la España del siglo XX*, Madrid, Tecnos.

— (2007): *El oasis vasco. El nacimiento de Euskadi en la República y la Guerra Civil*, Madrid, Tecnos.

DE PABLO, Santiago; DE LA GRANJA, José Luis y MEES Ludger (1998): *Documentos para la historia del nacionalismo vasco. De los Fueros a nuestros días*, Barcelona, Ariel.

DE PABLO, Santiago y MEES, Ludger (2005): *El péndulo patriótico. Historia del Partido Nacionalista Vasco (1895-2005)*, Barcelona, Crítica.

DE PABLO, Santiago; MEES, Ludger y RODRÍGUEZ RANZ, José Antonio (2001): *El péndulo patriótico. Historia del Partido Nacionalista Vasco (1936-1979)*, vol. II, Barcelona, Crítica.

DE TOCQUEVILLE, Alexis (1835): *La democracia en América*, Madrid, Alianza.

DEL ÁGUILA, Rafael (2008): *Crítica de las ideologías. El peligro de los ideales*, Madrid, Taurus.

DEPARTAMENTO DE CIENCIA POLÍTICA (2000): *Euskobarómetro*, Lejona, UPV/EHU, abril.

— (2009): *Euskobarómetro*, Lejona, UPV/EHU, mayo.

— (2018): *Euskobarómetro*, Lejona, UPV/EHU, octubre.

FERNÁNDEZ SEBASTIÁN, Javier (1995): "La derecha escamoteada. Desvanecimiento y reaparición de un espacio político en el País Vasco, 1975-1995", *Leviatán*, 61, pp. 5-26.

FUSI, Juan Pablo (1978): "El Pluralismo Vasco", *El Correo Español-El Pueblo Vasco*, 2 de marzo.

— (1984): *El País Vasco. Pluralismo y nacionalidad*, Madrid, Alianza.

— (2006): *Identidades proscritas. El no nacionalismo en las sociedades nacionalistas*, Barcelona, Seix Barral.

García Varela, Pablo (2020): *ETA y la conspiración de la heroína*, Madrid, Los Libros de la Catarata.

Gobierno Vasco (1980): "Resultados electorales". Disponible en https://bitly.ws/LNrR.

Gurrutxaga, Ander (1985): *El código nacionalista vasco*, Barcelona, Anthropos.

Herri Batasuna (1999): *20 años de lucha por la libertad (1978-1998)*, Bilbao, Herri Batasuna.

Larraza, María del Mar (2001): "Navarra", en José Varela Ortega (dir.), *El poder de la influencia. Geografía del caciquismo en España (1875-1923)*, Madrid, Marcial Pons-CEPC, pp. 433-454.

Larretxi, Alex (2000): "La manifestación convocada con Ibarretxe acentúa la división de la sociedad vasca", *El Correo*, 27 de febrero.

Letamendia, Francisco (Ortzi) (1979): *El no vasco a la reforma*, San Sebastián, Txertoa.

— (1994): *Historia del nacionalismo vasco y de ETA*, San Sebastián, R&B, vols. I-III.

Linz, Juan José (1986): *Conflicto en Euskadi*, Madrid, Espasa-Calpe.

Llera, Francisco José (1994): *Los vascos y la política. El proceso político vasco: elecciones, partidos, opinión pública y legitimación en el País Vasco, 1977-1992*, Bilbao, UPV/EHU.

Maalouf, Amin (1999): *Identidades asesinas*, Madrid, Alianza.

Morán, Gregorio (2003) (orig. 1982): *Los españoles que dejaron de serlo*, Barcelona, Planeta.

Müller, Jan-Werner (2017): *¿Qué es el populismo?*, México D.F., Grano de Sal.

Orella, José Luis (1998): *De la Mesa de Ajuria Enea al Pacto de Lizarra. Diccionario de términos políticos válidos para encontrar la pacificación de Euskal Herria*, San Sebastián, Ttarttalo.

Pérez, José Antonio (2021): *Historia y memoria del terrorismo en el País Vasco*, vol. I, Almería, Editorial Confluencias.

Rivera, Antonio (ed.) (2001): "País Vasco", en José Varela Ortega (dir.), *El poder de la influencia*, *op. cit.*, pp. 762-768.

— (2016): "Pluralismo y hegemonía en la sociedad vasca: una interpretación sanadora", en María Jesús González y Javier Ugarte (eds.), *Juan Pablo Fusi. El historiador y su tiempo*, Madrid, Taurus, pp. 91-98.

— (2019): *Nunca hubo dos bandos. Violencia política en el País Vasco (1975-2011)*, Granada, Comares.

Rivera, Antonio y Fernández Soldevilla, Gaizka (2019): "Frente Nacional Vasco (1933-2019). Pluralismo o nacionalidad", *Historia Actual Online*, 50, pp. 21-34.

Rivera, Antonio y Mateo, Eduardo (eds.) (2021): *Transterrados. Dejar Euskadi por el terrorismo*, Madrid, Los Libros de la Catarata.

Rubio, Coro (2003): *La identidad vasca en el siglo XIX. Discurso y agentes sociales*, Madrid, Biblioteca Nueva.

Sáez de la Fuente, Izaskun (2004): "El debate político en torno al diálogo en el contexto vasco", en Galo Bilbao, Xabier Etxeberria, Izaskun Sáez de la Fuente y F. Javier Vitoria, *Conflictos, Violencia y Diálogo. El caso vasco*, Bilbao, Universidad de Deusto, pp. 139-200.

Sartori, Giovanni (2001): *La sociedad multiétnica. Pluralismo, multiculturalismo y extranjeros*, Madrid, Taurus.

Urkullu, Iñigo (2010): "Con Ados, Euskadi se sale del mapa", *Deia*, 27 de septiembre.

Villanueva, Javier (2004): "Bases para garantizar la pluralidad", *Bake Hitzak/Palabras de Paz*, 53, pp. 30-34.

Zubero, Imanol (2008): "Ética y sociedad del País Vasco", *Razón y Fe*, 257, pp. 265-276.

CATARATA

Deusto
Centro de Ética Aplicada
Etika Aplikatuko Zentroa

ANTONIO RIVERA BLANCO

Historia Garaikideko katedraduna da Euskal Herriko Unibertsitatean (UPV/EHU), eta Letren Fakultatean ematen ditu eskolak duela ia berrogei urtetik hona. Errealitate soziopolitikoa eta, zehazki, Euskadiko motibazio politikoko indarkeria aztertu duten hainbat liburu idatzi ditu. Gaur egun, Valentin de Foronda Gizarte Historiarako Institutua zuzentzen du, baita indarkeria nazionalistaren mikrohistoriari buruzko ikerketa proiektu bat ere. Beraren azken bi liburuak hauek dira: *20 de diciembre de 1973. El día en que ETA puso en jaque al régimen franquista* (2021) eta *Historia de las derechas en España* (2022).

IZASKUN SÁEZ DE LA FUENTE ALDAMA

Deustuko Unibertsitateko Etika Aplikatuko Zentroko ikertzailea eta irakaslea da. Zientzia Politikoetako eta Soziologiako doktoregoa (Zientzia Politikoetako espezialitatean) lortu zuen Euskal Herriko Unibertsitatean 2001ean. *El Movimiento de Liberación Nacional Vasco, una religión de sustitución* (2002) izenburuko tesia egin-da. Gatazkei eta Bake Kulturei buruzko ikerrildoan, Euskadiko motibazio politikoko indarkeriari lotutako prozesu sozial, politiko eta kulturalak aztertzen ditu, motibazio etiko-politiko argiarekin, biktimei leku nagusia emanez. 2018an sortu zenetik, Euskadiko Memoriaren, Historiari buruzko Hezkuntzaren eta Bakearen Eraikuntzaren inguruko Ikaskuntza Komunitatean parte hartzen du. Aurretik, Memoria, etika eta justizia: ETAren estortsioa eta indarkeria enpresa munduaren aurka (2012-2016) diziplinarteko proiektua zuzendu zuen. Proiektu horrek DU-Banco Santander Ikerketa Sariaren Akzesita lortu zuen (2017), eta agenda publikoan jarri du ETAren indarkeriaren barruan bereziki ikusgaitza izan den dimentsio bat.
Research ID: Web of Knowledge: R-1052-2018/ orcid.org/0000-0001-9099-2653

Antonio Rivera Blanco eta Izaskun Sáez de la Fuente Aldama

Euskal gizartea: pluraltasuna pluralismorik gabe?

Izaskun Sáez de la Fuente eta Ángela Bermúdez
(bildumaren argitaratzaileak)

Itzulpena Sara Muniozguren, Itzulpen eta
Hizkuntza Laguntzako Zerbitzua – Deustuko Unibertsitatea

EUSKADIKO GATAZKAREN ETA INDARKERIAREN MEMORIA ETA HISTORIA BILDUMA.

BILDUMA HAU EUSKO JAURLARITZAK ETA DEUSTUKO UNIBERTSITATEAK BIZIKIDETZA, GIZA ESKUBIDE ETA ANIZTASUNAREN PLANA (2021-2024) GARATZEKO SINATUTAKO HITZARMENAREN BABESPEAN EGIN DA.

AZALAREN DISEINUA: MIKEL LAS HERAS

ITZULTZAILEA: SARA MUNIOZGUREN, ITZULPEN ETA HIZKUNTZA LAGUNTZAKO ZERBITZUA – DEUSTUKO UNIBERTSITATEA

FUENCARRAL, 70
28004 MADRID
TEL. 91 532 20 77
WWW.CATARATA.ORG

EUSKAL GIZARTEA: PLURALTASUNA PLURALISMORIK GABE?

ISBN: 978-84-1352-940-0
DEPÓSITO LEGAL: M-3.353-2024
THEMA: 1DSE-ES-R/GTU/JB

INPRIMATZAILEA: ARTES GRÁFICAS COYVE S.L.

AURKIBIDEA

BILDUMARI BURUZ

ETAk behin betiko su-etena iragarri zuenetik hamarkada bat igarota, Euskadiko gazteek —indarkeria pairatu ez duen lehen belaunaldia— adierazi dute espazio seguru gutxi dituztela gaiari buruz galdetzeko, hitz egiteko eta eztabaidatzeko.

Liburu bilduma honek azken hamarkadetan Euskadin bizi izan den gatazkaren eta indarkeriaren historiaren ulermen kritikoa sustatu nahi du belaunaldi berriengan. Batez ere gazteei eta gai horiei buruzko interesa duten herritarrei zuzenduta dago, baina baita irakaslanean edo irakaslanerako prestatzen ari direnei eta hainbat erakunde publiko eta pribatutatik giza eskubideen errespetua sustatu eta bakea eta bizikidetza landu nahi duten pertsonei ere.

Proiektu hau Euskadiko Memoriaren, Historiari buruzko Hezkuntzaren eta Bakearen Eraikuntzaren inguruko Ikaskuntza Komunitatearena da. Ikaskuntza komunitate hori Deustuko Unibertsitateko Etika Aplikatuko Zentroaren ekimenez sortu zen 2018an eta, harrezkero, Euskadiren indarkeriazko iraganari buruzko diziplinarteko eta belaunaldien arteko elkarrizketa eta hausnarketa ahalbidetzeko gune bat da. Lehen lan fasean (2019-2021), profil ideologiko desberdinetako gazteek Euskadin bizi izandako motibazio politikoko indarkeriari buruz zer galdera eta gogoeta dituzten ikertu zuen. Behin eta berriz adierazi zuten hainbat galdera sortzen zaizkiela, baina ez dutela non planteatu galdera horiek, eta gogoetak ere badituztela, baina ezin dituztela beste

pertsona batzuekin kontrastatu. "Jarauntsitako eta autoinposatutako isiltasuna" ren pisua sentitzen dute familian, koadriletan, eskolan eta komunitatean.

Bada uste zabaldu bat isiltasun horri irauten lagundu diona: bakea eta bizikidetza sustatzeko, hobe dela orria pasatzea, iragana ahaztea eta etorkizunera bakarrik begiratzea. Baina etorkizuna ezin da eraiki iraganari bizkarra emanda. Horregatik, oraingo lan fasean, Ikaskuntza Komunitateak hainbat aditu bildu ditu bilduma honen ekoizpenean laguntzeko: gaian adituak diren historialariak, indarkeriaren analisi etikoan adituak diren filosofo eta gizarte zientzialariak eta historiari buruzko hezkuntzan adituak diren pedagogoak.

Bildumako liburu bakoitzak gai historiko edo etiko batean sakontzen du. Hautatu diren gaiak bereziki garrantzitsuak dira gazteek euskal gatazkaren eta indarkeriaren historiari buruz dituzten kontakizunei modu kritikoan heltzeko. Estrategia pedagogiko narratiboa erabiliz, Peneloperen bideari jarraitzea proposatzen da: iragan odoltsu eta mingarri baten memoria sozialaren ehuna tentuz desegitea eta kontzientziaz berriz ehuntzea. Bide horretan, indarkeria justifikatzeko balio duten mito, partzialkeria eta gain-sinplifikazioak ikusaraztea eta kritikoki arakatzea izango da abiapuntua dinamika bikoitza aurrera eramateko: *memoria historizatzea* eta *historia memorializatzea*. Horren bidez, hiru helburu bete nahi dira: pertsonek fenomeno historikoen konplexutasunaren ulermen hobea izatea, iragana biktimen esperientzian hezurmamitzea, eta, horrela, historiak indarkeria desnormalizatzeko eta deslegitimatzeko duen ahalmena aktibatzea.

SARRERA

> […] identitatea gauza bakar batera murrizten duen munduaren ikuskerak gizakiengan jarrera partziala, sektarioa, intolerantea, menderatzailea […] ezartzen du […] eta sarritan hiltzaile edo hiltzaileen aldeko bihurtzen ditu […] Gure komunitate berekoak direnak "gutarrak" dira; solidarioak izan nahi dugu haien patuarekin, […] "epeltzat" hartzen baditugu, salatu egiten ditugu, izutu egiten ditugu, zigortu egiten ditugu "traidoreak" eta "desertoreak" direlakoan. Besteei, lerroaren beste aldean daudenei dagokienez, ez gara inoiz haien lekuan jartzen saiatzen, ez dugu sekula pentsatzen balitekeela […] erabat oker ez egotea, ahaleginak egiten ditugu […] haien sufrimenduak, jasan duten bidegabekeriak bigundu ez gaitzan. "Gutarren" ikuspuntuak baino ez du balio […]
>
> Amin Maalouf (1999: 43-44)

Azken aldiko indarkeria politikoa bukatuta, Euskal Herrian itxaropen berritua dago gizarte baketsua eraikitzeko, non identitate eta iritzi politiko desberdinak elkarrekin biziko diren eta desadostasunak bestea fisikoki edo sinbolikoki ezabatu gabe ebatziko diren. Itxaropen hori guztiz logikoa irudituko zaio jende askori. Nor egon liteke horren aurka? Ez da hala, ordea. Pluraltasunaren eta pluralismoaren higadura Euskadiko arestiko historiaren ardatz egituratzailea izan da, eta indarkeria justifikatzeko eta normalizatzeko funtsezko mekanismo politiko eta narratiboa ere bai.

Pluraltasuna eta pluralismoa bai bizitza politikoan, bai memoria eta iraganari buruzko kontakizunak eraikitzean ukatzen dira; eta bi kasuetan, beharrezkoa da ukazio horri kritikoki aurre egitea. Ahots legitimo bakarra badago, azalpen bakarra dago: norberarena. Horrela, ez dago esperientzia, ikuspegi eta interpretazio desberdinak alderatzerik. Horrela, eztabaida arrazionala eragozten da. Baina, ahots desberdinak ezabatzean, ahots horiek gorpuzten dituzten pertsonak ere ezabatzen dira eta, hartara, baztertutako

eta garrantzirik gabeko gizarte aktore bihurtzen dira. Bilakabide historikoaren agertokietatik kanpo uzten dira, baina, era berean, eta hori bereziki larria da ikuspegi etikotik, gure "erantzukizun moralaren unibertsoa" izenda genezakeenetik kanporatzen ditugu, alegia, nork merezi duen guk errespetatzea eta zaintzea eta noren ardura hartzen dugun zedarritzen duen erantzukizun moralaren unibertsotik. Zilegi da kanporatuen gainean indarkeria erabiltzea. Horrela gizarte pobretua sortzen da; berezko aniztasuna aintzat hartu gabe, aberastasuntzat hartu gabe, mekanismo demokratikoek ezin dute bizitza politiko, sozial eta komunitarioan funtzionatu.

Euskadin bizi izandako gatazkaren eta indarkeriaren kasuan, pluralismoaren aurkako erasoa mito batean oinarritu da batez ere: euskal herria herri homogeneo, funtsean nazionalista, osorik biktimizatua, erresistentea eta heroikoa delako ustean, eta aurrez aurre espainiar herria (eta estatua), hura ere guztiz homogeneoa, osorik biktimarioa, zapaltzailea eta doilorra duelako ustean. Ildo horretan, Joseba Arregik honako galdera hau egiten zion bere buruari: "ETA existituko ote zen euskal herri garbi, aratzaren mitoa existitu ez balitz...?" (2015: 206). 1978an, Juan Pablo Fusi historialariak honako hau planteatzen zuen sutsuki: "[euskal auziaren] edozein azalpenek, baliozkoa izango bada, euskal herriak historian izan duen aniztasun kultural eta politikoa aitortu beharko du, eztabaidaezineko errealitate enpirikotzat onartu beharko du euskal nortasuna adierazteko modu anitz daudela, euskal gertakariaren interpretazio asko daudela, euskalduna izatearen nortasuna definitzeko orduan funtsezko desberdintasunak daudela".

Liburu honek Fusik aldarrikatzen zuena egin nahi du. Euskal gizartearen pluraltasunaren eta askotariko adierazpideen jatorri sozial eta historikoa berreraiki nahi du, eta aniztasun horri nola eraso zitzaion eta, beraz, pluraltasuna nola higatu zen erakutsi nahi du. Horretarako, liburua, hasiera batean, industria aurreko kosmobisio tradizionalen eta XIX. mendean sortu ziren kosmobisio liberal modernoen arteko talkan kokatzen da; eta testuinguru horretan, ideologia eta indar politiko nazionalistek (espainolistak

eta euskaltzaleak) herriaren homogeneizazioari eta ustezko paradisu galduak berreskuratzeari egindako ekarpenak hartzen ditu kontuan. Hori jorratuta, XX. mendea zeharkatzen du, hainbat eragileren jarrerak eta jarduketak uztartuz: euskal nazionalisten agerpide historikoak, diktadura frankistako nazionalismo espainolistarenak, eta, azkenean, haren inplikazioengatik, ETAren nazionalismo erradikal eta hilgarria.

Jarraitu aurretik, behin eta berriz erabiliko ditugun bi kontzeptu bereizi beharrean gaude: pluraltasuna eta pluralismoa. Gauza bat da gizarte baten errealitate soziologikoa, non aniztasun handiagoa edo txikiagoa dagoen (pluraltasuna), eta beste bat eragile publikoek aniztasun hori babesteko eta bultzatzeko jarrera baloratibo eta proaktiboa izatea (pluralismoa). Gizarte pluralek homogeneizaziorantz, polarizaziorantz edo desintegraziorantz jo dezakete, herritarren eta eragile politikoen jarreren eta jarduketen eta politika publikoen ondorioz. Edo pluralismo gero eta handiagorantz egin dezakete, aipatutako horiek guztiek aniztasuna babestu eta bultzatzeko jarrera baloratibo eta proaktiboa lantzen badute. Pluraltasuna da, orduan, pluralismoaren sorrera-gakoa. Giovanni Sartorik (2001) argitu duenez, pluralismoak aniztasuna esan nahi du, baina aniztasun horri "eutsiz", gehiengoak egitasmo komun baten parte izateko borondatea duelako. Horregatik, pluralismoak aurre egin behar die bai proiektu kolektibisten (nazionalistak, komunistak, faxistak, populistak, etab.) pentsamenduaren adostasunari, bai demokrazia liberalen muturreko indibidualismoari edo multikulturalismo akritikoari. Horregatik, pluralismoaz aritzeko, "zatiketa-lerro gurutzatuak" egon behar direla gaineratu du. Horrek esan nahi du herritarrak harremanetan egotea —ez elkar jasatea harremanik gabe—, eta izaera eta helburu desberdineko (politiko, sindikal, kultural, etab.) askotariko erakundeetako kide izatea beren borondatez (ez modu sektarioan). Horrela, pluralismoak bi ezaugarri ditu: aniztasuna, proiektu komun baten barruan, eta eragile pluralen arteko harreman aktibo eta askea.

Ezinbestean, "gutarren/besteen" irudiak eraikitzen ditugu eta irudi horiek gure identitate eta jardunbide politiko eta sozialen definizioa orientatzen dute. Pluralismoaren funtsa "bestea"

aktore legitimotzat hartzea da, eta, beraz, gure erantzukizun-unibertsotik ez kanporatzea. Horrek esan nahi du, lehenik eta behin, bestea ez hiltzea eta bestea ezabatzea ez justifikatzea, baina, era berean, nirekin harremanetan egon daitezkeen aktore politikoen saretik ez baztertzea. Desberdin pentsatzen duena hiltzen, izutzen edo estereotipatzen dugunean eraso egiten diogu pluraltasunari. Aniztasunaren eta desberdintasunaren balioa gutxiesten dugunean, gurea ez bezalako identitatea duena ideologikoki eta politikoki iraintzen dugunean, identifikatuta sentitzen garen komunitatea baino zabalagoa den gizarte baten kide izateko aukera indarrez ukatzen dugunean, edo "gurutzatutako zatiketa-lerroak" ahalbidetzen dituzten harreman saiakerak dinamitatzen ditugunean, pluralismoa galarazten dugu.

Gure helburua da gaur egun ere euskal gizarteak nolako zama daraman ulertaraztea. ETAren jarduera armatuaren amaiera ibilbide honetan funtsezko mugarria bada ere, pluralismoaren aurkako erasoa sortu eta justifikatzeko erabili ziren mito, sinplifikazio eta isiluneak presente eta aktibo daude oraindik gizarte honetan indarkeriazko iraganari buruz dauden kontakizun batzuetan. Argitu dezagun, bidenabar, gure ustez, pluralismoaren defentsa ez datorrela bat memoria sozial bakar bat edo guztiok partekatutako iraganaren kontakizun bakar bat eraikitzeko ideiarekin, ezta gure gizartearen orainaren edo etorkizunaren ikuspegi bakar bat eraikitzearekin ere. Uste dugu hori ez dela posible, ezta desiragarria ere. Aitzitik, iruditzen zaigu garrantzitsua dela gertatutakoaren egia errespetatuz eraikitako kontakizun desberdinak daudela aitortzea, eta pertsonengan kontakizun horiei galdera kritikoak egiteko prestasuna eta gaitasuna lantzea. Horixe da liburu honek egiten duen gonbidapena.

1. TRADIZIOA ETA MODERNITATEA EUSKADIN

Gizarte tradizionalek, industrializazioaren aurrekoek alegia, batasun gisa ikusten zuten beren burua. Ordena sozial eta politikoaren helburu nagusia komunitatearen iraupena zen. Gizarte desorekatu eta hierarkikoak ziren, baina elkartasun bertikala zuten —Alexis Tocquevillekoak *Demokrazia Amerikan* (1835) lanean aipatu zuenez, "beti zegoen gorago baten bat babesa eman ahal zuena, eta beherago besteren bat zerbitzatzeko eskatu ahal zitzaiona"—, bai eta barne logika bat ere, gutxienez mila urtez ulergarri eta iraunkor egin zituena. Agintari bakar batek —monarka edo printze batek, inguruko jaun batek— zuzentzen zituen sozialki eta politikoki, eta Eliza arduratzen zen egia bakar bat erreproduzitzeaz eta baliarazteaz. Jainkoaren ideia zen guztiaren buru, eta zentzua ematen zion munduaren ikuskera unitario horri.

XVIII. mendetik XIX. mendera, Amerikako eta Frantziako iraultzak tartean, liberalismoa gailendu zen ikuspegi tradizionalistekiko lehian. Pentsamendu liberalaren funtsezko gakoetako bat errealitate beraren pertzepzio desberdinekiko tolerantziaren defentsa izan zen. Ondorioz, gizartea antolatzeko moduari buruzko proposamen (edo ideologia) desberdinen arteko lehia ordenatua egotearen aldeko ikuspegiek aurrera egin zuten; lehia hori izango zen demokraziaren oinarria. Apurka-apurka, aniztasunaren onarpenak gizartea batasun gisa ulertzeko joera ordezkatu zuen, eta pluralismoak monismoaren —balio sistema bakarra eta

harmonikoa dagoelako ustea— lekua hartu zuen. Jakina, lehengo kosmobisioaren defendatzaileek gogor egin zuten kosmobisio berriaren aurka. Aurreko mundu tradizionalaren eta sortzen ari zen mundu modernoaren arteko lehiak —XIX. mendearen ezaugarria munduko toki askotan— eztabaida horrekin zerikusia izan zuen. Madrilgo eta Bartzelonako egunkari karlistetan argitaratutako editorialen zati hauek argi erakusten dute Espainiako eremuan tradizionalistek jarri zuten erresistentzia.

XIX. mendeko prentsa katoliko tradizionalistan agertutako artikuluak

Gure eskola politikoaren funtsezko printzipioa batasuna da. Sinesmen batasuna, botere batasuna, ikuspegi batasuna, ekintza batasuna. Batasuna da aniztasunaren sortzailea, ez aniztasuna batasunaren sortzailea. [...] Sinesmen batasuna, hau da, adimen guztien konspirazioa [...] egia berean, ondasun berean. Botere batasuna, hau da, subiranotasun bizia, materiala, ukigarria, pertsona batengan gorpuztua, pertsona hori Jainkoaren aurrean delarik bere ekintzen erantzule.

Iturria: *El Pensamiento Español*, 1868ko urriaren 20a.

"Zer dira hauteskundeak", galdetzen du erretorikoki *La Regeneraciónek*: asaldura sozial bat dira, zeinetan herrialdea izugarri astintzen den, eta gorrotoak barrutietara, herrietara, familietara eta gizabanakoetara iristen diren; [...] hauteskundeak fartsa izanik, haien emaitza den ordezkaritza nazionala gezurra da. Hortaz, ordena nahi baduzue, atera errotik parlamentarismoaren oinarri asaldagarria: hauteskundeak [...]. Aurrerapenak batasuna eskatzen du, eta batasun hori ezinezkoa da eremu parlamentarioaren barruan, honela baizik ez baita ulertzen: gobernua eta oposizioak; hau da, zatitzen duen borroka eta hiltzen duen zatiketa. [...] Alderdi politikoak ez dira ideien eta interesen ordezkaritza ere, baizik eta anbizio endekatuaren eta patrioterismo berekoiaren babesleku.

Iturria: *La Convicción*, 1871ko apirilaren 8a.

ARIKETA 1

Aztertu prentsa artikulu horien egileek erabiltzen duten hizkuntza, eta erreparatu gehien agertzen diren terminoei eta arreta gehien ematen dizuten hitzei.

Zeintzuk dira ideia edo kosmobisio tradizionalistaren gakoak (errealitatearen begirada monista horren adibide gisa)? Zeintzuk dira tradizionalistak gehien kezkatzen dituzten gaiak? Gai horiei dagokienez, zer defendatzen dute? Zure ustez, haiekin talka egiten zuten ideologiek eta indar politikoek zer planteatzen zuten?

Euskal Herrian ere gertatu zen kosmobisio tradizionalisten eta modernoen arteko borroka, eta hainbat liskarretan gauzatu zen. Liskar horien artean, beren esanahiagatik eta eraginagatik, gerra zibil karlistak nabarmentzen dira, liberal isabeldarren eta Karlos Maria Isidro tronuan jarri nahi zuten tradizionalisten arteko gatazka dinastikoa. Tradizionalistek bere egin zuten foruen defentsa honako goiburupean: "Jainkoa, aberria, erregea eta foruak".

Erdi Aroan, antzeko foruek eta agiri juridikoek zuzentzen zituzten penintsulako ia probintzia, hiri eta hiribildu guztiak. XVIII. mendeko lehen hamarkadetatik aurrera, Euskal Herrian bakarrik gorde zen formula hori, usadio eta ohituren eta erregearen autoritateak emandako pribilegioen nahasketa. Foruek eskubide indibidual batzuk jasotzen zituzten, hala nola *habeas corpus* delakoa, baina baita kargu publikoetarako hautesle eta hautagai izatea ere, kapitala edukiz gero eta gaztelaniaz hitz egiten eta idazten jakinez gero, herritarren gutxiengo batek baino betetzen ez zituen baldintzak. Ekonomiari dagokionez, merkataritzarako askatasuna eta kostaldeetan aduanarik ez egotea, zerga salbuespen batzuk eta familiaren jabetzari eusteko lege zibilak (*maiorazkoa*) dira aipagarri. Sistema horrek, gainera, gizonak soldadutza egitera derrigortuta ez egotea onesten zuen, bai eta "foru baimena" izenekoa ere, hau da, monarkiaren aginduak bete beharrik ez izatea foruen aurkakoak zirela uste bazen, harik eta usadio tradizionalen aurkakotzat jotzen zituen auzibide juridikoa ebatzi arte. Karlistek lehen gatazka belikoa galdu ondoren, 1841ean aduanak kostara eramatea, sistema judiziala berdintzea eta "foru baimena" kentzea dekretatu zen.

Hala ere, eta euskal elite liberalen eta karlisten arteko liskarra gorabehera, XIX. mendearen erdialdean diskurtso ideologiko bat eratu zuten —foruzaletasuna—, baliagarri izan zitzaiena bai zauriei eta zatiketei aurre egiteko, bai Estatuaren aurrean fronte batu bat aurkezteko, eta, horrela, beren pribilegioen eta foruen zati bati eusteko. Horrela, euskal eliteek ikuskera komunitario bat zabal ezartzea lortu zuten. Ikuskera horren arabera, euskal probintziek beste leku batzuen banaketa modernizatzaileari aurre egiten zioten, foruek sendo defendatzen zutelako tradizio erregionalista, pribilegiatua, katolikoa, monarkikoa eta identitate bikoitza, hau da, aldi berean euskaldun eta espainiar sentitzea ahalbidetzen zuena. Nahiz eta gaur egun Euskal Herriko jende askok uste izan norbere burua euskal herritartzat eta espainiartzat izatea bateraezina dela, garai hartan foruzaletasunak naturaltasunez hartzen zuen identitate bikoitz hori. Pedro Egañak, Isabel II.aren ministro, Arabako ahaldun nagusi eta Madrilen euskal interesen lotura zenak, argi xehatzen ditu garai hartako pentsaera eta sentiera foruzale horren oinarriak hitzaldi batean.

Pedro Egaña, "Erlijioa, historia eta armadura", 1867ko azaroaren 18a, Probintziako Batzarra, Gasteiz

[...] Mendeetako ingudeak bermatutako hiru oinarri handi eta sendotan datza, oreka betiereko eta harmoniatsuan, euskal familiaren bizitza: sentimendu erlijiosoa, sentimendu monarkikoa eta sentimendu forala. Hirurak izan ditut gidari eta euskarri igaro berri dugun aldi zailean. Bi aldiz mehatxatu gintuen izurriteak, eta beste hainbestetan baretu zen Jainkoaren haserrea gure otoitz xumeak entzunda. Enbata iraultzaileak burrundara jo zuen inguruko herrietan, eta, Kantauriko haizeen araztasunak berezko zenez arbuiatuko balu bezala, begirunez gelditu zen mendi hauen fede monarkiko hautsiezinaren aurrean. Izan zen bere esku sakrilegoa gure gurasoen legean jartzen ausartu zenik, eta justizia berriro gailendu zen pasioaren oldarren aurka, eta euskal askatasunen zuhaitz sinbolikoak, Gernikako baso marduletatik Arabako landa zabal ikusgarrietara aldatuta, salbaziorako eremu gisa, bere adar babesleak hedatzen ditu bilkurak egiten dituzuen jauregiaren oinetara.

Iragana gurtzen duten herriak, iragana loriatsua eta handia izan bada, ezin dira hil: inperio sendoak erori eta dinastia sekularrak eraitsi dira, [...] baina euskal familiak bizirik eta indartsu dirau, duela milaka urte bezala, bere ondarea mantenduz: bere hizkuntza, beste inongo hizkuntzaren antzik ez duena; bere musika, ezagutzen diren beste guztiak ez bezalako erritmoa duena; bere ohitura patriarkalak; bere askatasun legeak; etxearekiko atxikimendu samurra; apaizgoarekiko errespetua; mendiarekiko eta haziendarekiko maitasuna; eta ez dira nahikoa hain afektu nobleengandik banatzeko, ezta atxikimendu horiek moteltzeko ere, pixkanaka mundua eraldatuz doazen berrikuntza amaigabe eta itxuraz liluragarriak [...]

Iturria: Pedro Egaña jaunak 1867ko azaroko ohiko bilkurei hasiera ematean emandako hitzaldia, eta ondorengo txostena eta akordioa, Gasteiz, Manteliren seme-alaben inprimategia, 1867, hemen eskuragarri: https://bitly.ws/39DwS.

ARIKETA 2

(a) Egañaren hitzaldiak tradizionalismotik hurbil dagoen planteamendu ideologiko liberal-kontserbadorea duen talde politiko garrantzitsu baten pentsamendua irudikatzen du. Identifikatu kosmobisio tradizionalista horren diskurtsoan honako hauek:

- Nola uzten duen nazioa eraikitzeko prozesua probidentziaren esku herritarren borondatearen esku baino gehiago.
- Nola egiten duen forma moderatu, esaneko, landatar eta erlijiosoen iraunkortasun historikoaren alde modernotasunaren agerpen txikienaren alde baino gehiago.
- Nola egiten duen kontserbadurismoaren alde iraultza demokratikoaren zantzurik xumeenaren alde baino gehiago.

(b) Alderatu testuan foruzaletasunari buruz azaldu duguna hitzaldian esaten denarekin, eta bilatu bertan foruzaletasunaren osagaiak.

(c) Pedro Egañaren hitzaldian ikus daitekeenez, berarentzat guztiz bateragarria zen foruen eta monarkiaren defendatzailea izatea, eta, beraz, euskal eta espainiar identitate bikoitzaren defendatzailea izatea. Nolako aldea dago egilearen ikuspegiaren eta zuk gaur egun foruzaletasunaz duzun ulerkeraren artean?

Eliteek ideologia foruzalea partekatzen zuten arren, hirurogeita hamarreko hamarkadaren hasieran, azken gerra karlistan (1872-1876), euskal gizartearen barruan berriro gertatu zen borroka eztabaida politikoak ebazteko; izan ere, ikusmolde ideologiko antagonikoak zeuden Elizaren zereginari eta auzi dinastikoari buruz eta, batez ere, gizarteen aurrerabide demokratikoari buruz. Gerra-borroka hori, batez ere, Euskal Herrian eta Katalunian gertatu zen. Karlistek galdu zuten eta, gerra bukatuta, bi gertakarik garai berri bati hasiera eman zioten. Lehenik eta behin, 1839an lehen guduaren ostean biziraun zuten foru hondakinak —salbuespen militarrak eta fiskalak, eta probintzien autogobernua— behin betiko indargabetu ziren, eta lurraldeak Espainian eraikitzen ari zen estatu liberalaren arrastoan sartu ziren ondorio guztietarako. Abolizioak aho bateko foruzaletasuna ekarri zuen, berriz ere klase politikoaren bandera komun bihurtuta, bidegabekeria baten biktima sentitzen baitzen. Bigarren gertakaria da Bizkaiak abiadura handian egin zuela bat nazioarteko kapitalismoarekin, lehenik burdin minerala britainiar ikatzarekin trukatuz, eta gero siderometalurgiako lantegiak irekiz Nerbioi-Ibaizabal itsasadarrean, kapital propio eta kanpotarrekin. Handik gutxira, Gipuzkoa industrializazio berri horretara bildu zen, baina oso bestelako ereduarekin. Araban eta Nafarroan, industrializazio prozesua XX. mendeko hirurogeiko hamarkadara arte atzeratu zen.

Euskal eskualde batzuetan, ekonomia modernizatu ahala, gizarte errealitatea eta adierazpen politikoa dibertsifikatuz joan ziren eta, hala, pluralak bihurtu ziren. Bitartean, hori gertatu ez zen lekuetan, gizarte tradizionala aldaketa handirik gabe mantendu zen, eta, berdin, batasun komunitarioa ere. Bizkaian, industrializazioak nazioartekotutako enpresari talde bat sortu zuen, ekipamendu ondasunen ekoizlea (altzairua, habeak, txapa, makineria, etab., baita trenbideak, bankuak, aseguruak, ontzi enpresak, ontziolak eta industria kimikoa ere), eta Espainiako Estatuari lotua, Espainiak azpiegitura publikoetarako behar baitzituen. Ez da harritzekoa, beraz, enpresaburu berri hori liberal-kontserbadorea, monarkikoa eta espainolista (euskal probintziek Espainiarekin zituzten loturen defendatzailea) izatea. Aitzitik, talde horrek

bazterrean utzi zituen eliteek lurraldearen, mundu tradizionalaren eta erlijioaren defentsan erantzun zuten, zehazki, galdutako foruak aldarrikatuz eta aldaketa soziokulturala arbuiatuz. Elite horiek euskal aukera politiko nazionalista bat osatu zuten, mende horren amaieran Europan agertu ziren beste batzuen antzekoa. Azkenik, eskulan berria, oso ugaria eta, hein handi batean, etorkina, sindikalismo sozialista oso erradikalak ordezkatu zuen Bizkaian, eta gero formula politiko eta pragmatikoago baterantz eboluzionatu zuen. Orduan agertu ziren hiru kultura politikoak, gerora "euskal triangelua" deituko zenaren protagonistak: liberal-kontserbadore espainolistak, euskal nazionalistak eta sozialistak. XIX. mendetik zetozen beste tradizio politiko batzuk talde berri horiekin nahastuta mantendu ziren: karlistak eskuin euskaltzale eta espainolistekin, eta errepublikanoak —erradikalismo aurrerakoi, demokratiko, klasearteko eta urbanoa— sozialistekin.

DIAGRAMA 1

EUSKAL TRIANGELUA

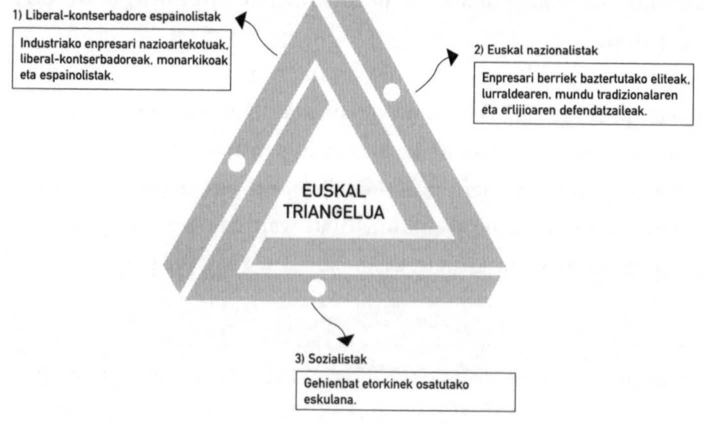

Iturria: Geuk egina.

Gipuzkoako industrializazioaren eta modernizazio progresiboaren ezaugarri desberdinek bestelako aldaketa soziopolitikoa ekarri zuten. Enpresariak lokalagoak ziren, entitateak eta kapitalak bolumen txikiagokoak, eskulana ez zen hain etorkina, ezta hain

ugaria ere, eta espazio soziokulturalaren eraldaketa ez zen hain handia izan. Izan ziren aldaketak, baina ez Bizkaian adinakoak, ez hain azkarrak. Beraz, adierazpide politiko tradizionalek jarraitutasun handiagoa izan zuten Gipuzkoan eta berriekin batera bizi izan ziren. Eliteek eta herritar arruntek katolikoak eta tradizionalistak izaten jarraitu zuten gehienbat, nahiz eta hiriburuan edo eskualde-buruetan baziren Espainiako politikarekin lotutako pertsona kontserbadore eta liberalak —neurri txikiagoan errepublikanoak—, boto emaile sektore garrantzitsuak erakartzen zituztenak. Euskal nazionalistek gero eta babes eta antolaketa handiagoa zuten, eta langile berrien artean sozialistak zein katolikoak zeuden. Azkenik, Gasteizera mugatutako aldaketa gutxi batzuk kenduta, Araban beti bezala jarraitu zuen denak: tradizionalismo katolikoaren nagusitasuna lurralde osoan, oraindik nekazaria eta abeltzaina baitzen, eta liberalak eta kontserbadoreak, errepublikanoez gain, hiriburuan. Euskal nazionalismoaren eta sozialismoaren agerpena luzatu egin zen industrializazio prozesuaren atzerapenagatik. Eta antzeko zerbait gertatu zen Nafarroan. Azken batean, Juan Pablo Fusik adierazi zuen bezala, aniztasun politikoak iturri hauek zituen:

> Euskal probintzia bakoitzaren bilakaera historiko desberdina; eskualdeen garapen ekonomiko desberdina; biztanleriaren heterogeneotasun demografiko eta soziologikoa; eta euskaldunen arteko desberdintasunak euskal nazionalitatearen ideiaren inguruan, beren nortasun historikoa ulertzeko moduan (Fusi, 1984: 250).

2. 'EUSKAL TRIANGELUA' PLURALTASUNAREN AGERKARI

Mende aldaketan Bilbon hasi zena Euskal Herri osora hedatu zen Lehen Mundu Gerraren urteetatik (1914-1918) aurrera, baina hogeita hamarreko hamarkadan has gaitezke hiru kultura politiko protagonistek osatutako "euskal triangeluaz" mintzatzen (Fusi, 1984: 11-24). Bilakaera hori hobeto ikusten da Errestaurazioaren garaiko (1874-1923) hauteskundeetako emaitzak II. Errepublikakoekin (1931-1936) alderatuz gero. Gizonezkoen sufragio unibertsala indarrean sartu zenetik (1890) Errestaurazioa amaitu zen arte (1923), Gorteetarako aukeratutako berrehun euskal diputatuetatik ia % 90 eskuin espainolisten blokekoak ziren eta errepublikano eta ezkertiarrek ehuneko txikiak zituzten (% 7), eta are txikiagoak euskal abertzaleek (% 4). Nafarroan, eskuindarrak erabat gailendu ziren hauteskundeetan (% 96). Bloke nagusi hartatik, ia erdiak kontserbadoreak ziren (batez ere "industriako kapitainak"), herenak tradizionalistak eta bostenak liberalak.

Eszenatokia erabat aldatu zen Bigarren Errepublikan: hauteskundeetan manipulazio eta jauntxokeria gutxiago egon zen, masa-alderdiak zeuden eta Diputatuen Kongresuan emakumeen sufragioa onartu zen. Errepublikaren bost urte horietako hauteskundeetan, nazionalistek eserlekuen erdiak lortu zituzten, errepublikano eta sozialisten aliantzak herenak, eta eskuindar espainolistek ordezkarien bostena baino gutxiago. Dena den, Nafarroan eskuindar espainolistak tradizionalki nagusi zirenez eta botoa sakabanatzeko prozesurik egon ez zenez, probintzia hori

kontuan hartuz gero, ehunekoak bestelakoak dira lau lurraldeen multzoan: diputatuen laurdenak ezkertiarrak eta gainerakoak erdibana eskuin espainolisten eta nazionalisten artean.

TAULA 1

GORTEETAKO DIPUTATUAK (1891-1923)

	ESKUINA (kontserbadoreak, liberalak eta tradizionalistak)	EZKERRA (errepublikanoak eta sozialistak)	NAZIONALISTAK	GUZTIRA
Bizkaia	75	8	8	91
Gipuzkoa	77	1	1	79
Araba	39	7	0	46
Guztizko partziala	191	16	9	216
Nafarroa	108	0	4	112
Guztira	299	16	13	328

Diputatu nazionalisten eta sozialisten hautaketa 1918tik aurrera gertatu zen.
Zenbakiek aldi osoko hautetsien guztizkoak adierazten dituzte.
Iturria: Geuk sortua. Datuen iturria: Rivera (2001) eta Larraza (2001: 762-768).

TAULA 2

GORTEETAKO DIPUTATUAK (1931-1936)

	ESKUINA (tradizionalistak, katolikoak eta monarkikoak)	EZKERRA (errepublikanoak, sozialistak eta komunistak)	NAZIONALISTAK	GUZTIRA
Bizkaia	2	10	15	27
Gipuzkoa	4	4	10	18
Araba	3	2	1	6
Guztizko partziala	9	16	26	51
Nafarroa	18	2	1	21
Guztira	27	18	27	72

Zenbakiek aldi osoko hautetsien guztizkoak adierazten dituzte.
Iturria: Geuk sortua. Datuen iturria: Eusko Jaurlaritza. Segurtasun Saila. Hauteskunde-prozesuak, hemen eskuragarri: https://bitly.ws/3a2Eq; De la Granja (2007: 566-606).

TAULA 3

HAUTESKUNDEETAKO EMAITZAK, KULTURA POLITIKOEN ARABERA, EUSKADIN ETA NAFARROAN (1936KO OTSAILAREN 16A), 1. ITZULIA

	ESKUINA (tradizionalistak, katolikoak eta monarkikoak)	EZKERRA (errepublikanoak, sozialistak eta komunistak)	NAZIONALISTAK
Bilbo	21,1	48,5	30,4
Bizkaia	33,6	14,8	51,6
Gipuzkoa	33,0	30,2	36,8
Araba	57,2	22,0	20,8
Nafarroa	75,3	22,7	2,0
Guztira	45,6	31,4	23,0

Iturria: Geuk sortua. Datuen iturria: Eusko Jaurlaritza. Segurtasun Saila. Hauteskunde-prozesuak, hemen eskuragarri: https://bitly.ws/3a2Eq; De la Granja (2007: 566-606).

ARIKETA 3

Errestaurazio garaiko eta II. Errepublikako hauteskundeetako emaitzen taulen arteko alderaketak erakusten du, eskuin espainolisten nagusitasun politiko ia erabatekoaren ostean, 30eko hamarkadatik aurrera euskal nazionalismoa eta sozialismoa indarra hartzen hasi zirela. Identifikatu tauletan baieztapen horren oinarri diren datuak.

Taula 3 "Hauteskundeetako emaitzak kultura politikoen arabera Euskadin eta Nafarroan (1936ko otsailaren 16a), 1. Itzulia" erakusten du "euskal triangelua" delako osatzen duten indar politikoen aniztasuna. Identifikatu tauletan baieztapen horren oinarri diren datuak.

Taula berak probintzien arteko aldeak ere erakusten ditu. Identifikatu Bilbon eta probintzia bakoitzean nagusi den indar politikoa.

Zer galdera edo gogoeta iradokitzen dizkizute tauletan irudikatutako joerek? Zein arrazoi historikok azaldu ditzakete joera horiek?

30eko hamarkadan, euskal nazionalismoa eta sozialismoa eszenatoki politikoan sartu zirenean, euskal aniztasunak bi haustura ardatz nagusi zituen: bata, eskuina/ezkerra, eta bestea, nazio identitatea. Sorreratik, euskal nazionalismoa banatzailea eta ez-integratzailea izan zen; Sabino Arana fundatzailearen arabera, ezin zen aldi berean euskalduna eta espainiarra izan. Nazio

identitatearen araberako haustura politikoak "nazionalitate bikoitzean" —edo hirukoitzean, espainiar eta euskal nazionalitateaz gain, probintziako identitateak ere bazeudelako, oso errotuta— sinesteko joera makaldu zuen, nahiz eta euskaldun asko identifikatzen ziren nazionalitate bikoitzarekin (Rubio, 2003: 87-98).

II. Errepublikan zehar, Kataluniarako eta Euskadirako Autonomia Estatutuak onartzeari buruzko eztabaida izan zen. Euskadiren kasuan, eztabaidak agerian utzi zuen ez zegoela adostasun orokorrik familia politikoen artean zer Euskadi nahi zen ikuspegi politikotik (Espainian erabat integratua edo autonomia handiago edo txikiagoarekin) eta zein izan behar zen haren lurraldea, izena edo osagaiak (Nafarroa hartu behar zuen ala ez). Euskal nazionalismoak, Estatutuaren onarpena lortu nahian, aliantzak aldatu behar izan zituen: egiaztatu zuenean tradizionalistak —kontserbadurismo eta erlijiotasunagatik hurbilen zituen aliatuak— Estatutuaren aurka zeudela, Euzko Alderdi Jeltzalea (EAJ) konturatu zen autonomia lortuko bazen indar errepublikano aurrerakoiekin hitzartuta lortuko zela, eskualdeen autonomien defendatzaileak baitziren. Garai hartan EAJren buru zen Jose Antonio Agirrek argi eta garbi laburbildu zuen zer gertatuko zen: "Euskal Estatutuak oztopo gehiago izango ditu zenbat eta gehiago goratu eskuina, eta erraztasun gehiago izango ditu zenbat eta gehiago beheratu eskuina ezkerra handitzen den heinean. Horixe da gure tragedia" (Agirre, in De Pablo, Mees eta Rodríguez Ranz, 2001: 281).

Horrela, hogeita hamarreko hamarkadan, nazionalitatea eta pluraltasuna herrialdearen errealitate definitzaile gisa agertzen ziren: askok partekatzen zuten lurralde nortasun finkatua zegoen, eta, aldi berean, kultura, politika eta gizarte adierazpenen pluraltasuna zegoen, modernizazio prozesuan zegoen gizarte bati dagokionez. Bata eta bestea tentsioan erlazionatzen ziren; gaur egun ere hala erlazionatzen dira. Proiektu politiko nazionalistak plurala zen gizarte bat homogeneizatu nahi zuen, desagertutako komunitate batua ahal zen neurrian berreskuratzeko, eta, horretarako, bizitza sozial eta kulturalaren eremu guztietako elkarteen sare trinko bat eraiki zuen (batzokiak, gazte elkarteak, emakumeenak, aisialdikoak, aldizkariak, etab.).

3. PLURALTASUN ERASOA

1936ko urrian Autonomia Estatutua onartu zen. Horren bidez, historian lehen aldiz, euskal probintziak batasun politiko gisa eratu ziren, gobernu komun propio batekin, hau da, "Euskadi politikoa" sortu zen. Haatik, onarpen horrek ez zuen indar politikoen babesik izan. Gerra Zibilak kolpe militarraren aldekoen eta kontrakoen artean banatu zituen indar politikoak. Lurraldeka, Bizkaia Errepublikari leial izan zitzaion —eta Eusko Jaurlaritza berriak bertan gobernatu zuen—, Gipuzkoak bi hilabetez bakarrik eutsi zion eta Araba hasieratik erori zen matxinatuen aldean. Nafarroak ere babestu zuen zabal estatu kolpea eta 1932ko ekainetik aldendua zegoen estatutu prozesutik. Sedizio militarrari babesa emanda, eskuin espainolistak –tradizionalistak, katolikoak edo monarkikoak– ez ziren Euskadi autonomoaren irudiarekin identifikatuta sentitu; nazionalistek, errepublikanoek eta ezkerreko alderdi eta sindikatuek bakarrik partekatzen zuten irudi hori.

José Mª Areilza, Bilboko alkatea, "Omenaldia Armada Loriatsuari eta Milizia Nazionalei", Coliseo Albia antzokia (Bilbo), 1937ko uztailaren 8a

ESPAINIAKO SOLDADUAK! ABERRIKO BOLUNTARIOAK!

Hemen bildu dira Bilboko herritarrak, beren ordezkari ugari eta hautatuenen bidez, zuei eskerrik bihotzekoena emateko.

Hiri osoa datorkizue "eskerrik asko" sutsuki esatera. Bilboko hiri osoa hamaika hilabetez inoizko tiraniarik higuingarrienaren mende egon ondoren, ez baitzegoen jakiterik zer zen nazkagarriagoa: gorrien basakeria kriminala, Asiako basakeriaren estigma guztiarekin, ala euskal nazionalisten hipokresia fina, sotanazko eta ur bedeinkatuzko gorte fariseo guztiarekin. [...]

Bada, basakeria ankerraren eta maltzurkeria koldarraren arteko aliantza ikaragarri horretatik salbatu gaituzue Zuek, Espainiako Armadak eta Milizia Nazionalek.

Konkista bidez salbatu gaituzue, indarrez, tiroka eta kanoikadaka, hitz batean. [...] Ezagutu dadila behin eta betiko egia: BILBOK EZ DU AMORE EMAN; AITZITIK, ARMADAK ETA MILIZIEK KONKISTATU DUTE BIZITZA ASKOREN SAKRIFIZIOAREKIN. BILBO ODOLEZ ASKATUTAKO HIRIA DA. Gure hiria ez zuten gudariek salbatu, baizik eta Espainiako soldaduek, falangistek eta erreketeek, ahalegin heroikoak eginda, parekorik gabeko adorez beteriko egun odoltsuetan borrokatuta eta, azken finean, ehunka bizitza galduta. [...] Egon dira, bai, Garaileak eta Garaituak!; Espainia bakar, handi eta askea gailendu da; hau da, FALANGE TRADIZIONALISTARENA. Euzkadi zeritzon amesgaizto lazgarri hura, batetik, sozialismo prietotarraren eta, bestetik, ergeltasun bizkaitarraren emaitza zena, betiko erori da menderatuta.

Espainia berria, aldiz, garaile da. [...] Orain arte, lagunok, polemistek eztabaida zezaketen dialektika antzuetan Bizkaiak bere autonomia edo gobernu propiorako zituen ustezko eskubideei buruz. [...] Francoren ezpatak behin betiko ebatzi du bizkaitartasunaren gaineko auzi kuriatarra, Bizkaiaren benetako sentimenduaren arabera ebatzi ere, bat etorriz Bizkaiko benetako tradizioarekin, bat etorriz, ez ahaztu, Bizkaia espainiarraren iritzi-eremu sakon eta handiarekin; izan ere, hainbat gizon eta emakume abertzale sutsuk, uztailaren 18az geroztik ez ezik apirilaren 14az geroztik ere Aberriaren batasun sakrosantuaren alde borrokatu ziren gogo osoz eta bizitzaz gure lurraldean.

Justizia soziala da gure beste funtsezko aginduetako bat. Ez da pribilegiozko erregimen bat gailendu, benetako giza zentzu sakona duen sistema bat baizik, non lana baita hierarkia sozialaren eskalako lehen balioa. Garaitu duen Espainiak jakingo du klaseak interes nazionalaren zerbitzurik zorrotzenaren mende jartzen. Greba gehiagorik ez, ezta

kontzientziarik gabeko espekulatzaile gehiagorik ere. Errusiaren zerbitzura dagoen langile gehiagorik ez, ezta urrezko zekorraren zerbitzura dagoen aberririk gabeko finantza gizon gehiagorik ere. [...] Espainiako soldaduak! Aberriko boluntarioak! Bizkaiko lurra eta mendiak odolez onduz betiko erori zirenen omenez, Bilboko herriak leialtasun betierekoa zin egiten dio Espainia berriari eta haren Iraultza Nazionalari. Francori agur eta ohore! Gora Espainia!!!

ARIKETA 4

Areilzaren hitzaldiak argi erakusten du zein irmoak ziren 1936ko hauteskundeetan Araban eta Nafarroan gailendu ziren eta, ondoren, estatu kolpea babestu zuten eskuineko indar politikoen ideiak. Hitzaldian, garai hartako haustura politikoan nagusi ziren bi ardatzak agertzen dira: espainiar nazionalismoa/euskal nazionalismoa, eta ezkerra/eskuina.

Identifikatu hitzaldian honako hauek:

- Espainiar identitate nazionalaren ezaugarri ideologiko nagusiak, estatu kolpearen oinarri direnak.
- Nola erasotzen zaion espainiarraz bestelako edozein leialtasun nazionali. Zergatik uste duzu Areilzak mespretxuz hitz egiten duela "ergeltasun bizkaitarraz"? Zeri buruz ari dela uste duzu?
- Nola egiten zaien aurre ezkertiarren ikuspegiei.

Testuinguru horretan, atzerrian, Agirre lehendakaria buru zuen Eusko Jaurlaritzaren aldeko errepublikanoekin bakarrik identifikatu zuten Euskadi: Picassoren "Gernika"ren biktimak ziren, eta herri haren bonbardaketa legitimatu zuten eskuinekoak, berriz, ez zituzten euskal herritartzat hartzen. Erbestetik, barruko erresistentziatik edo erregimenarekiko lankidetzarik ezetik, garaituek garaileekin baino gehiago eurekin lotzen zen herrialdearen irudia ezartzea lortu zuten. Aldi berean, Estatu frankista berriak nazionalismo espainol esklusibista eta baztertzailea hedatu zuen —eskualdeak berriz espainiartzeko saiakera elikatu zuena—, beste edozein nazionalismo alternatibo (euskalduna, katalana, etab.) eta beste edozein kultura politiko onartzen ez zuena, guztiz

antiliberala eta komunitate galdu bat (unitarioa, katolikoa, lider baten menekoa eta politikoki kontserbadorea) birsortzearen aldekoa; alderdi politikoetan oinarritutako politikaren arbuioa izan zen bere ikurrik onena eta asmo totalitarioa bere muturreko helburuaren erakuslea. Euskal gizartearen eta Espainiako gizartearen pluralismo politiko, sozial edo linguistikoa indarrez lurperatu zuen ia berrogei urtez, eta klandestinitatean edo espazio pribatuetan geratu zen, "isiltasunaren komunitatea" deritzona eratuz (Gurrutxaga, 1985: 422).

Hala ere, eta gero eta gehiago, erregimen frankistak zabaltzen zuen herrialdearen irudiak zerikusi gutxi zuen benetakoarekin. Diktaduraren bigarren fasean, 50eko hamarkadaren amaiera ezkero, industrializazio prozesu biziak dena eraldatu zuen. Espainiako beste eremu batzuetan bezala, industriak immigrazioa, urbanizazioa eta ohituren eta ingurune soziokulturalen aldaketa ekarri zituen Euskadira. Eraldaketa sakon horien ondorioz, gauza asko aldatu ziren erregimenaren azken etapan, eta horrek eragina izan zuen euskal komunitateko zenbait sektoretan, berriz ere mehatxupean sentitu baitzituzten beren identitatea eta kultura. Berriro ere, komunitatearen kontserbazio senak galtzeko arriskuan ikusten zituen bere funtsak eta nortasun ezaugarriak. Garai batean arraza bezala orain hizkuntza erreferentziatzat hartuta, argudioa berbera zen: Euskadiko izaera frogatu behar zen. Orduan sortu zen Euskadi Ta Askatasuna (ETA, 1959).

Euskal abertzaletasunaren belaunaldi berri horrek EAJri aurpegiratzen zion Franco hil arte itxarotea diktadura buka zedin. ETA saiatu zen, barne tentsio eta zatikekin, nazio askapenaren alde egiten hirugarren munduko ereduei jarraituz. Sozialismoaren interpretazio jakin bat eginda, industrializazioaren eta immigrazioaren ondorioz Euskadin ugaltzen ari zen langile klase bat erakarri zuen. Ondorioz, ETAk nazionalismo iraultzailea hartu zuen doktrinatzat, lurraldearen independentzia helburutzat eta indarkeria tresnatzat.

4. HERRIALDE PLURALAGOA PLURALISTA BAINO

Aldaketa haietatik aurrera, euskal gizartea plurala bihurtu zen, baina ez hain pluralista. Plurala zen, gero eta modernoagoa eta irekiagoa zelako, migrazio prozesuek eragindako mestizajeagatik eta identitate aniztasunagatik. Ondoz ondoko industrializazio boladen ondoren, ordena tradizionala hautsi egin zen, eta askotariko errealitatea sortu zen (kulturala, etnikoa, linguistikoa, politikoa, soziala...). Hala ere, aniztasuna gorabehera, pluralismo defizita zegoen (Villanueva, 2004: 31). Dagoeneko aipatu dugu nazionalismoek joera homogeneizatzailea dutela, aniztasuna ez baitute aberastasuntzat hartzen, gainditu beharreko oztopotzat baizik; nazio eraikuntzaz, "herri egiteaz" duten ideiak asko du horretatik (Conversi, 2012: 440).

Orain azpimarratu nahi dugu ETAk nola marraztu zuen bere herrialde eredua eta nola identifikatu zituen bertako kide izan nahi zutenek bete beharreko ezaugarriak. 1968az geroztik, ETAren indarkeriak indarrez ezarri zuen zein ziren euskal kidegoaren muga berriak: soberan zeuden diktadurako agenteak (militarrak, poliziak), diktadurako politikariak (alkateak, zinegotziak eta gainerako kargu publikoak) edo diktaduraren erreferentziak (banderak, monumentuak), bai eta diktadurak herrialdean zuen agintearen edozein adierazpide ere (eraikinak, erakundeak). Baina, diktadorea hil eta demokraziarako trantsizioa hasita ere, terrorismoak jarraitu zuen bertokotzat hartzen ez zituenak seinalatzen:

euskal enpresariak —Neguriko nukleoa bereziki (Moran, 2003)—, kazetariak, askotariko susmagarriak —informatzaileak, "poliziaren isilmandatariak", "droga trafikatzaileak" (García Varela, 2020)—, eskuin espainolista berriko politikariak (Zentro Demokratikoaren Batasuneko, UCDko edo Alianza Popularreko kideak) eta berehala ezker ez-nazionalistako kideak ere bai.

> Salatari guztiak exekutatuak izango dira. Bakartu dezagun aparatu okupazionista: GZarekin [Guardia Zibila], PArekin [Polizia Armatua] eta BPSarekin [Brigada Politiko-Soziala] ibiltzen den pertsona oro exekutatua izango da. Alkateen aurkako kanpaina hastear da eta dimisioa ematen ez duena exekutatua izango da!
>
> Iturria: ETAren 1975eko iraileko komunikatua. Cfr. Pérez (2021: 239).

> Errepresioa boteretik gauzatzen da eta boterea duen oro erruduna da. Errepresioa herri batean gertatzen bada, alkatea guardia zibileko komandantea bezain erantzule da, legez harekin batera parte hartzen baitu boterean. Legezko egoera hori erreala ez bada, dimisioa eman dezatela. [...] Alkateei bi hilabeteko epea eman diegu, baina epea amaitu da eta ekintzara pasatuko gara.
>
> Iturria: ETAren 1975eko iraileko komunikatua. Cfr. Pérez (2021: 237).

> Gaur egun, bi botere politiko daude lehian Euskadin: batetik, faxismoa, diktadura frankistaren, kontinuismoaren, irekieraren, juankarlismoaren edo har dezakeen beste edozeren itxuran, eta, bestetik, euskal indar herrikoiak, zeinen erakunde armatua ETA baita. Batzuekin edo besteekin egon behar duzu, erabaki beraz, ez dago neutraltasunik. Faxista ez bazara, erakutsi, lagundu Herriari. Dirua daukazu, gainbalio gisa ateratako dirua, zure langileen lanetik lortutako dirua, eta horrekin ordaintzen dituzu. Estatu faxistari eusten dioten zergak. Euskal indar herrikoiek ere dirua behar dute beren borroka aurrera eramateko. [...] [Dirua] ezarritako egunean ematen ez baduzu, bilatu egingo zaitugu exekutatu arte.
>
> Iturria: ETAren 1976ko iraileko estortsio gutuna. Cfr. Pérez (2021: 359-360).

ARIKETA 5

Nola ageri da ETAren adierazpenetan pluralismoaren guztiz kontrako jarrera? Kontuan hartu:

- Identitate dikotomikoen eraketa (gutarrak/besteak), bazterketa eta indarkeria justifikatzeko.
- "Gutarren" eta "besteen" identitatea homogeneizatzen duten estereotipoen erabilera.
- Norberaren jarrera egia absolutuaren eta justizia lortzeko asmo ukaezinaren isla delako ustea.
- "Gurekin" eta "besteen aurka" egon beharra.

Euskal gizartea, Trantsizioaren hasieratik, identitate nazionalista nabarmeneko gizarte gisa eratu zen; izan ere, horrelako indarrek bozka gehienak lortzen zituzten eta autonomia, lurralde eta udal erakundeak gobernatzen zituzten. Herritarren borondatearen adierazpena zen, ez hertsapen gaindiezinen ondorioa. Baliteke horren sorburuan frankismoaren aurkako sentimendua eta erregimenaren espainiar nazionalismoaren aurkako erantzun soziala egotea, baita ETA antifrankismoaren abangoardiatzat hartu izana —batez ere Burgosko Epaiketaren (1970) eta Carrero Blancoren hilketaren (1973) ondoren— eta EAJk berpizteko izan zuen gaitasuna, berak izan baitzituen hauteskundeetan emaitzarik onenak (Eusko Jaurlaritza, 1980).

1978an, Juan Pablo Fusi historialariak, "Euskal pluralismoa" (*El Correo Español*, 1978-III-02) izeneko prentsa artikuluan, ohartarazpen puntu bat zuen gogoeta bat eskaini zuen: pluralismoa gailendu behar zen euskal erakunde politikoen eta proiektu kulturalen oinarrian; izan ere, proposamen batzuk, garai hartan oso nazionalista zen iritzi publikoaren oniritziarekin, gizartean zen aniztasun hori deuseztatzera edo ezkutatzera bideratuta zeuden, pluralismoa oztopotzat hartzera.

Juan P. Fusi Aizpurúa, "Euskal pluralismoa",

***El Correo Español-El Pueblo Vasco*, 1978ko martxoaren 2a**

Euskal arazoaren interpretazio askok ez dute ezagutzen Euskal Herriko errealitate historiko eta kulturala. [...] joera orokorra dago [...] euskal nortasun historikoa ezaugarri eta gertakari kopuru mugatu batekin identifikatzeko, euskal pentsamolde kolektiboaren, kulturaren eta historiaren bereizgarriak direlakoan. [...] Eta galdetu behar da zein neurritan eragozten duen irudi horrek, estereotipo horiek, egungo euskal arazoa behar bezala ulertzea. [...] Nire ustez, azalpen bat bera ere ezin izango da baliozkoa izan, baldin eta Euskal Herriak bere historian izan duen pluraltasun kultural eta politikoa aintzat hartzen ez badu, eta euskal identitatea adierazteko modu anitz daudela errealitate enpiriko eztabaidaezina dela onartzen ez bada [...]. Beste era batera esanda, Euskal Herriak dualismo linguistikoa, pluralismo politiko zabala, pentsamolde eta portaera sozialeko ohitura ugari eta egitura sozial eta ekonomiko konplexua ditu ezaugarri. Kontua ez da, jakina, euskaldunek beren nortasun historikoaz duten kontzientzia batua ukatzea, baizik eta kontzientzia hori funts kultural eta politiko pluraletan oinarritzea [...].

Har dezagun gogoan, adibidez, hizkuntza dualismoa. Inork ez luke ukatuko euskara euskal hizkuntza nazionala dela, euskal herriaren identitate nazionalaren funtsetako bat. Baina egia da, halaber, gaztelania ere euskal sentimenduak eta kezkak adierazteko tresna izan dela, paradoxikoki euskal kultura idatziaren zati handi bat garatzea ahalbidetu duen hizkuntza izan dela. [...] Ez da ulergarria euskal literaturatik eta pentsamendutik kanpo uztea Unamuno, Baroja, Meabe, Maeztu (edo, gerraostean, Otero, Celaya, Aldecoa, Zubiri, Artola) eta beste hainbat idazle edo intelektual, ez dutelako euskaraz idatzi eta ez dituztelako euskal gai hutsak landu. [...] Euskal Herrian jaiotako intelektual askoren obraren kanpo proiekzioa bertako kulturaren historiaren konstante bat da: ez ote da, beraz, tradizio intelektual lokalista eta euskalduna bezainbesteko euskal tradizioa?

Eta har dezagun gogoan, halaber, pluralismo politikoa. [...] Karlismoak, foru tradizioak defendatzeagatik, euskal identitatearen sentimendua aurreratu zuen nolabait. Nazionalismoa urrunago joan zen: Euskadi nazionalitate propio eta desberdin gisa definitzea planteatu zuen. Bi indarrek eragin nabarmena izan dute tokiko politikan. Baina ez dira

bakarrak izan, eta eurenak ez dira izan Euskadiko ikuskera politiko eta kultural baliozko eta koherente bakarrak, ezta jendearen iritzian eragina izan duten bakarrak ere. Euskal herritarren nahiak islatu dituzten beste iritzi korronte batzuen garrantzi historikoa minimizatu da. Ahaztu egin da XIX. mendeko euskal liberalismoa, hiriguneetan garrantzitsua, foruzalea izan zela beti, Foruen interpretazio liberala egon zela. Ez da behar bezala nabarmendu tradizio errepublikano-demokratiko ezkertiarrak Bilbon, Eibarren, Barakaldon, Irunen, Donostian eta Euskadiko beste herri batzuetan lortu zuen indarra; eta ez da adierazi 36aren aurreko euskal errepublikanismoa autonomista izan zela eta, gainera, gehienbat autonomoa (hau da, antolakuntzari dagokionez ez zuela alderdi nazionalekiko loturarik). Era berean, ez da onartu nahi euskal sozialismoak laster sartu zuela bere programan —1936a baino askoz lehenago, jakina— euskal nortasun historikoaren aitorpen juridikoaren beharra. 1936ko Estatutua ezkertiarren Estatutua izan zen, Indalecio Prietoren obra ia pertsonala. Eta, azkenik, isilpean gorde da euskal alderdi komunistak, 1933an sortu zenetik, Euskal Herriaren autodeterminaziorako eskubideari eutsi ziola erradikalismo euskaltzale harrigarriz. Karlismoak, liberalismoak, nazionalismoak, errepublikanismo demokratikoak, sozialismoak eta komunismoak, denek ere, euskal herritarren kezkak bideratu dituzte —eta batzuek oraindik ere bideratzen dituzte—, ideologia desberdinak izanda ere. Eta, zuzenak izateko, beste batzuk erantsi beharko lirateke, faxismo hutsetik hasi eta ezker abertzale berriraino. [...]

Eta horixe da artikulu honen asmoaren interesa. Euskal gertakariaren interpretazio liberal eta demokratiko orok, nire ustez, euskal herriaren identitate nazional eta historikoaren ezaugarritzat hartu behar du pluralismoa. Eta, ondorioz, pluralismo hori euskal erakunde politikoen eta euskal kultur proiektuen oinarri bihurtu behar du. Kultur pluraltasunak desadostasuna, askatasuna eta kritika dakartza eta herri baten proiekzio historikoaren bermerik onena da, haren identitatearen defentsarik onena.

ARIKETA 6

Artikulu hau 1978an idatzi zen, Trantsizioaren hasieran, eta garai hartan gogoeta aitzindaria eskaini zuen.

- Zertan zaude ados artikuluak dioenarekin, eta zertan ez? Zergatik?
- Fusik planteatzen duenetik, zerk jarraitzen du indarrean gaur egun eta zerk ez? Zergatik?

Autogobernuaren hasieran aukera nazionalistek lortu zuten gehiengoak, EAJk monopolizatutako erakunde autonomiko berriek sortutako estrategiak, eta ETAren marka ezberdinen ekintza hilgarri eta antidemokratikoak (euskal herritartzat hartzen ez zirenak hiltzea eta mehatxatzea) justifikatzen zuten gogoeta hori.

1977ko udaberrian, Gorteetarako lehen hauteskundeak bai no hilabete lehenago, ETAren esparru politikoak demokraziarako trantsizio prozesua baldintzatu nahi izan zuen, indar nazionalistak bilduko zituen Fronte Nazional bat eratuz, hauteskundeak abstentzioarekin boikotatzeko edo baterako hautagaitzak aurkezteko. Horrelako ezaugarriak dituen fronte bat "euskal gizartearen osaera pluralaren aurkako ikusmolde beligerantea da, abertzaleak ez diren indar politikoak (eta ordezkatzen dituzten herritarrak) alde batera utzi, deuseztatu edo ikusezin bihurtu nahi baititu" (Rivera eta Fernández Soldevilla, 2019: 22). Egin daiteke eta ez da antidemokratikoa, baina herritarren iritziaren eta botoaren pluraltasuna mugatzen eta murrizten du, eta, aldi berean, jarrerak polarizatzen ditu. Hala ere, 1977an, "Chibertako Goi Bilera" deiturikoan, EAJk uko egin zion proposamen horri eta aurkakoaren alde egin zuen argi eta garbi: zerrenda propioekin parte hartzea eta, Senaturako, sozialistekin joatea Fronte Autonomiko batean.

Konstituzioa onartzeko erreferendumaren aurrean, ETA militarrak abstentzioaren alde egin zuen; izan ere, beraren ustez, espainiarra izaki, Konstituzioa ez zitzaion axola; ETA politiko militarra gaitzespenarekin identifikatu zen, horrela autonomia estatutu nazional baten negoziazioa erraztu zitekeelakoan. Konstituzioaren plebiszituan (1978/12/6) agerian geratu zen aukera abstentzionistaren pisu nabarmena, EAJk ere defendatu baitzuen estrategia

hori. Horren ondorioz, Konstituzioaren babesa nabarmen txikia izan zen Euskal Herrian. Botoa eman zezaketen pertsona guztietatik, % 42k aldekoa eman zuten Araban, % 28k Gipuzkoan, % 31k Bizkaian eta % 50ek Nafarroan (Letamendia, 1994, II. liburukia: 219). Bestalde, Gernikako Autonomia Estatutuak (1979) ETA politiko militarraren aldeko jarrera izan zuen eta ETA militarraren aurkakoa. Nahiz eta erreferendumaren emaitzek abstentzio indize esanguratsua erakutsi (% 40), erroldako herritarren % 54k onartu zuten Estatutua (Letamendia, 1979: 254). Azaldutako jarrera politikoak demokrazia batean zilegitzat jo litezkeen arren, indarkeriaren erabilera handiak esanahi berezia eman zien, ETAren adar guztiak Trantsizioa politikoki baldintzatzen ahalegindu zirelako, euskal gizartearen pluraltasunari eraso egiten zioten indarkeriazko ekintza etengabeen bidez.

Hain zuzen ere, terrorismoaren "berunezko urteetan" (1978-80) eta ondoren etorri zirenetan, ETA sistematikoki saiatu zen Euskal Herriaren giza osaera zedarritzen —kanpotartzat jotzen zituenak kanporatuz— eta Espainiaren presentzia desagerrarazten (bai Estatuaren botere instituzionalarena, bai haren aldekoen identifikazio nazionalaren adierazpena). "Transerritua"ren figura —arrazoi politikoengatik lurralde batetik kanporatutakoa— izan zen euskal "Gutarrak" indarrez definitzeko ahaleginaren adierazpenik nabarmenena; pertsona kopuruan zenbateko irismena izan zuen zehaztu gabe dago eta zehazten zaila da, baina kontua da ETAk eta ezker abertzaleak arrakastaz eraman zutela aurrera prozesu hori (Rivera eta Mateo, 2021: 12). Indarkeriaren erabilera iraunkor hori pluraltasunaren eta pluralismoaren aurkako erasoa izan zen, zenbait indar politiko ia osorik desagertzea ekarri zuelako: aldi hartan, "isiltasunaren espiralak" ezerezera murriztu zuen behinolako eskuin espainolista indartsua (Fernández Sebastián, 1995). Mehatxatutako hautagaiekin zerrendak osatzeko edo jarduera normalizatu bat egiteko gai ez zenez, bere gizarte eremuaren zati batek "salbamenduzko mutazio ideologiko"ra (beste batzuei botoa eman, hala nola EAJri edo sozialistei) edo autozentsurara jo zuen (Angulo, 2018). Lehenik eta behin, ETAren adarrek frankismoko hamar politikari hil zituzten, baina 1980an

gobernuko alderdiko (Adolfo Suarezen UCD) lau euskal buruzagi hil zituzten eta handik gutxira sozialista bat (Enrique Casas senataria, 1984an).

Gainera, euskal erakundeek ez zuten behar zen guztia egiten pluralismoa defendatzeko eta indartzeko. Instituzioak kontrolatzeko zeukan ahalmenaz baliatuta, laurogeiko hamarkadan nazionalismoa bere irudiko gizarte bat eraikitzen ahalegindu zen, herrialdea bere alderdiaren ereduarekin nahasteraino. Hala aitortu zuen geroago, EAJren barne zatiketak, 1986an, alderdi hori boterea sozialistekin partekatzera behartu zuenean; horrela, esklusibotasunetik pluralismo instituzionalera igaro zen. EAJren orduko buruzagi nagusiak, Xabier Arzalluzek, "Arriagako hitzaldian" (1988ko urtarrila) onartu zuen bere alderdiak joera izan zuela "Euzkadi ondare nazionalista zela pentsatzeko eta euskalduntasunaren kontzeptua nazionalistaren kontzeptuarekin parekatzeko". "Baina ikuskera hori bidegabea da —ondorioztatu zuen—, erasokorra da eta antidemokratikoa da. Euzkadi euskal herritar guztiona da. Eta aske izango da denok elkar errespetatzen dakigun neurrian" (De Pablo, De la Granja eta Mees, 1998: 169; De Pablo eta Mees, 2005: 423-424). "Arriagako espirituak" euskal gizartearen pluraltasuna balioetsi zuen aldi batez: Gerra Zibilaz geroztik nagusi ziren bi kultura politikoen gobernu koalizioa egon zen eta hirugarrenari, eskuin espainolistari, bere espazio tradizionala berreskuratzeko aukera eman zitzaion.

Pluralismoaren onarpenari dagokionez, "Arriagako espirituak" eta Ajuria Eneako Itunak (1988) elkar elikatzen dute. Ajuria Eneako testua, Herri Batasunak (HB) izan ezik alderdi guztiek sinatutako indarkeriaren aurkako akordioa, indarkeriaren gaitzespen moral eta politiko irmoarekin hasten zen, indarkeria etikoki higuingarria dela eta herriaren borondatearekiko mespretxurik handiena erakusten duela salatuz (1. artikulua). Sendo azpimarratzen zuen indarkeriaz baliatzen zirenek ez zutela legitimitaterik arazo politikoei buruzko edozein elkarrizketa prozesutan solaskide izateko (2.b artikulua eta 10.a artikulua), baina baita demokratikoki adierazitako ideia politiko guztiak legitimoak zirela ere (8.a artikulua). Bestalde, berariaz aldarrikatzen zuen Gernikako

Estatutua euskal herritarren gehiengoaren borondatea adierazten zuen giltzarria zela, erabat garatu beharreko erakunde-araua (2.a eta 2.b artikuluak), eta Estatutuan bertan eta Konstituzioan ezarritako prozeduren bidez aldatu zitekeena (2.c artikulua) (Sáez de la Fuente, 2004: 154). Garai hartan jada, gerora desadostasunen bilakaera markatuko zuen gai bat sortu zen: nazionalisten ustez, Itunak HB joko politikoan sartzea izan behar zuen bere motibazioen artean, indarkeriaren amaiera elkarrizketatua bideratzeko; aldiz, nazionalistak ez zirenen iritziz, Itunaren espirituak, ikuspegi etikotik, demokraten eta biolentoen arteko dikotomia lehenesten zuen, eta nazionalisten eta ez-nazionalisten arteko banaketa ordezkatu behar zuela uste zuten.

Ajuria Eneako Itunean agerian geratu zen bezala, terrorismoak beste haustura-lerro bat gehitu zion euskal politikari, oraingoan ETAren (eta ezker abertzalearen) eta gainerako indar politikoen artekoa. Izan ere, Frankismo berantiarretik eta Trantsiziotik aurrera, "euskal triangelua" barik, elkarren aurkako lau kultura politiko zeuden: nazionalismo moderatua (EAJ, Eusko Alkartasuna, EA, eta Euskadiko Ezkerra, EE), nazionalismo erradikala (HB), ezker ez-nazionalista (Euskadiko Alderdi Sozialista, PSE, eta Ezker Batua, EB), eta eskuin ez-nazionalista (Alderdi Popularra, PP, eta lehenago UCD).

Laurogeita hamarreko hamarkadaren erdialdean, hain zuzen ere euskal gizartea hainbat eratara terrorismoari erantzuten ari zitzaionean talde bakezaleen aktibismoarekin, biktimen eta haien elkarteen gero eta agerikotasun handiagoarekin edo Ajuria Eneako Itunarekin, ETAk "sufrimenduaren sozializazioa"ren estrategia jarri zuen abian, 1994an Herri Batasuneko afiliatuek onartu zuten *Oldartzen* ponentziarekin lotuta, eta bi urte lehenago Bidarten ETAko buruzagitza atxilotzearen aurkako erreakzio gisa, interpretatu zenaren arabera.

Guk uste dugu ez dugula euskal borroka irabaziko botoen bidez. Azken urteotan presoak eta beste arazo asko ezker abertzalearenak ziren soilik. Zein da irtenbidea? Borrokaren ondorioak sozializatzea. Hartara, jendeak esango du: "Itsasontzi honetan daukagun kontu bat

> da, eta konpondu egin behar dugu, denok barruan gaudelako". Nahiz eta borroka honek hauteskundeetan kostua izan, arazoa konpontzeko bide azkarragoa badakar, orduan positiboa da (Joseba Álvarez Herri Batasuneko buruzagiaren adierazpenak, *Irutxulo*, 1996-IX-27).

Estrategia zen atentatuak kale borroka gogorrarekin konbinatzea, jazarpen eta intimidazio dosiak biderkatzeko. Mehatxua polizia eta militarretatik haratago zabaldu nahi zen, beste kolektibo batzuk inplikatu, hala nola abertzaleak ez ziren politikariak, epaileak, kazetariak, unibertsitateko irakasleak, enpresaburuak eta abar, helburu bikoitzarekin: garbiketa ideologikoa indartzea eta gizartean oihartzun handiagoa lortzea, herritarrek arduradun politikoei ETArekin negoziatu zezatela eska ziezaieten. Erakunde armatuak pluraltasunari egiten zion eraso, euskal gizartearen zati batek, bere kemen nazionalizatzaileagatik, bere barne aniztasuna ez zuela onartzen aprobetxatuz. Estrategia horren inpaktua, pluralismoari dagokionez, izugarria izan zen; izan ere, "arrotz" bihurtu zituen estrategiaren aginduekin kritiko ziren era guztietako kolektiboak. Imanol Zubero soziologo eta bakezaleak honela deskribatu zuen egoera:

> Terrorismoaren biktimak, Euskadin, gizarte honek izan behar duenari buruzko ikuspegi baten biktima izan dira. Ikuspegi horren ezaugarririk nabarmenena da eraiki nahi duten euskal gizartean, "gutarren taldean", pertsona batzuk sobera daudela. Eta soberan daudenez, pertsona horiek "gutarren talde" hori definitzen duen muga moraletik kanpo —*ex terminus*— jarri behar dira. Zein baliabidez? Mehatxuaren eta beldurraren bidez izan daiteke, azkenean herrialdea uztea erabaki dezaten. Edo ezabaketa fisikorik gordinenaren bidez ere izan daiteke. Terrorismoaren biktimak, beraz, soberako populazio gisa definitu ondoren hil edo zauritu dituzte. Garbiketa etnikoa, desberdina dena ezabatzea, elkar onartzen dutenen komunitatearen hondarren gainean bakarrik egin daiteke (Zubero, 2008: 274).

90eko hamarkadaren erdialdean, "pendulu patriotikoa" deiturikoak, hau da, EAJren eskakizun politiko maximalisten

(independentzia) eta pragmatismo autonomistaren arteko tentsioak, alderdi politiko abertzaleen talde bat (Euskal Fronte Nazionala) eratzearen alde egitera eraman zuen EAJ, bi hamarkada lehenago Chibertako Goi Bileran proposamen hori baztertu bazuen ere. Ziurrenik, hainbat faktorek eragin zuten aldaketa horretan. Testu honetan esanguratsuenetako batzuk baino ez ditugu aipatuko. Nazioartean "herrien udaberri" bat gertatu zen: batetik, errepublika independente berriak sortu ziren Sobietar Batasuna desegin ondoren eta, geroago, Ipar Irlandako gatazkaren irtenbidea adostu zen (Stormonteko Akordioa, 1998/04/10). Estatuan, Alderdi Popularra iritsi zen Espainiako gobernura (1996), eta gizartea gero eta nazkatuago zegoen indarkeria terroristaz, Miguel Angel Blancoren eta osteko hilketa batzuen aurkako erantzun masiboetan ikusi zenez. Autonomia Erkidegoari dagokionez, talde abertzale guztiek autodeterminazio eskubidearen aldeko ebazpen bat onartu zuten Eusko Legebiltzarrean (1990), eta bi sindikatu abertzaleek, ELA-STVk eta LABek, Gernikako Autonomia Estatutua "hilda" zegoela ebatzi zuten (1994). Horrez gain, EAJ, EE eta EAren arteko gobernu akordioa izan zen, iraupen laburrekoa, 80ko hamarkadaren erdialdean nazionalisten eta sozialisten arteko itunen ibilbidea eten zuena. Bestalde, ETAk negoziazio formula berri baten aldeko apustua egin zuen, Alternatiba Demokratikoa (1995). Horren bidez, indartu egin nahi zuen elkarrizketa politikorako solaskide pribilegiatua izateko asmoa, autodeterminazio eskubidea, lurralde batasuna (Nafarroarekin) eta amnistia bermatzeko, eta Estatuko Segurtasun Indar eta Kidegoak Euskaditik ateratzeko. Horrenbestez, eragile politiko eta sozialak eskubide horiek baliatzeko formulak zehaztera mugatu behar ziren. Azkenik, "Ermuko espiritua" deiturikoak, Blancoren hilketaren aurkako mobilizazioen beroan sortuak, "derrigorrezko nazionalismoa" salatu zuenez, EAJko sektore esanguratsuei sinetsarazi zien bilatzen zena ez zela ETAren porrota, nazionalismo osoarena baizik; beraz, are ahalegin handiagoa egin zuten indarkeriaren balizko amaiera elkarrizketatua protagonizatzeko, aldarrikapen nazionalistekiko sentikorra izan behar zen bigarren trantsizio moduko baten barruan (Sáez de la Fuente, 2004: 159-160).

Ardanza Planak (1998) mugarri bat ezarri zuen EAJk bakegintzarako zuen estrategian. PPk eta PSOEk arbuiatu egin zuten plana —ñabardura desberdinekin—, nazionalisten eta ez-nazionalisten arteko hausturan sakontzen zuelakoan. Horrek paper errea bihurtu zuen plana, baina Ajuria Eneako Itunaren amaiera ere ekarri zuen. Ardanza lehendakariak laurogeita hamarreko hamarkadan Ajuria Eneako Mahaiaren esparruan behin eta berriz eta irmo egindako adierazpenek, ETAren ingurune politikoarekiko distantzia argia ezarriz, ez zuten iragartzen terrorismoaren aurkako batasunaren amaiera, baina hala gertatu zen, eta estrategia aldaketa horren lehen erakusgarrietako bat bere bake plan propioa aurkeztea izan zen. Planak hiru abiaburu zituen: ETA bide polizial hutsarekin garaitzeko ezintasuna, gaitzespen etikoetatik haratago joateko beharra eta ETA eta HB indarkeria alferrikakoa zela konbentzitzearen garrantzia. Indarkeria amaitzea eta erakunde armatuak solaskide gisa jarduteko edozein aukera ukatzea aldez aurreko baldintzak ziren edozein "elkarrizketa politiko erabakigarritarako".

Ardanza Planak onartzen zuen arazoa zela euskal herritarrek ikuspegi identitario kontrajarriak zituztela "zer garen eta zer izan nahi dugun (baita Espainiari dagokionez ere)" erantzuteko orduan, eta ez Euskadiren eta Espainiaren arteko ustezko liskar agoniko bat. Ondorioztatzen zuen autodeterminazio eskubidea aitortzea ezin zela aldez aurreko baldintzatzat hartu, eta Konstituzioa eta Gernikako Estatutua ezin zirela muga gaindiezintzat jarri. Beraz, autodeterminazioa adostasun eta adiskidetze faktore bihur zitekeen, inplikatutako eragileek hala uste bazuten. Gainera, Estatuko erakundeen zeregina minimizatzen zuen, azpimarratuz erakunde horiek prest agertu behar zutela "gatazka"ren elkarrizketa bidezko konponketa euskal gizartea ordezkatzen zuten alderdien esku uzteko eta euskal erakundeek lortutako akordioak onartzeko, eta euren zeregin bakarra zela erakunde horiekin akordioak ordenamendu juridikoan nola txertatu adostea (Sáez de la Fuente, 2004: 163-165).

Hala ere, indar nazionalisten arteko benetako bateratzea eta ez-nazionalisten bazterketa 1998ko irailaren 12an gertatu zen,

alderdi, sindikatu eta talde abertzaleek, Ezker Batua ere bilduta, sinatu zuten Lizarrako Akordioan. Akordio horrek agerian utzi zuen nazionalisten adostasuna —Ajuria Eneako sinaduraren ondoren eta "sufrimenduaren sozializazioa"ren lehen fasean nabarmen ahuldua— uste honen inguruan: "Euskal gatazka jatorri eta izaera politikoa duen gatazka historikoa dela, bertan estatu espainiarra eta frantsesa inplikatuta daudelarik", eta ETA ezin dela garaitu poliziaren bidez. Lizarrako Akordioaren edukiak autodeterminazioa, lurraldetasuna, bazterketarik eta baldintzarik gabeko elkarrizketa eta euskal herritarrei kontsulta egiteko eskubidea zituen ardatz, euskal herritarrek baitzuten azken hitza beren estatus juridiko-politikoari buruz. Inon ez zen ETA aipatzen; indarkeria adierazpen guztien absentzia iraunkorraren beharra baino ez zen aipatzen, hasierako elkarrizketatik elkarrizketa erabakitzailera igarotzeko prozesuan.

Testua bi zatitan egituratu zen: batean, sinatzaileek Ipar Irlandako bake prozesutik hartzen zituzten elementuak jasotzen ziren, eta, bestean, Euskadiri aplikatzen zitzaion, bi kasuen arteko desberdintasunak minimizatuz. Nazionalistak ez zirenen artean ez ezik, nazionalismo moderatuko zenbait sektoreren artean ere, "Arriagako espiritua" ren aurreko aldira atzera egiten ari zelako sentsazioa zabaldu zen; izan ere, Lizarrako Akordioak marrazten zuen identitate proiektuak euskal gizartearen zati handi bat kanpoan uzten zuen, herrialdea ikusteko moldeen pluraltasuna ahazten zuen eta pluralismoa bideraezin bihurtzen zuen.

Euskal gatazka, indarkeria eta biak konpontzeko bideak ulertzeko moduen alderaketa, funtsezko hiru dokumentu historikotan

Ajuria Eneako Mahaiak Miguel Ángel Blancoren hilketaren ondoren egindako adierazpena

"[...] Herriak bertan behera utzita, ETAk gure artean konplizeak izaten jarraitzen du. Atzo baino gutxiago, ezbairik gabe, baina gehiegi oraindik. Gaur salatu egin nahi ditugu. Herri Batasuna dute izena. Ezinezkoa da hilketa doilor honen konplizetzat ez hartzea. Eta halaxe salatzen dugu. [...] Haiek behartu gaituzte pentsatzera edo koalizioa zuzentzen dutenak hilketaren diseinuan bertan daudela edo, bestela, beren hitzekin eragin edo bultzatzen dutela. Kontuan izan dezatela haien jarraitzaileek. Beren babes eta isiltasunak konplize egiten ditu haiek ere. Erabakiak hartzeko ordua iritsi zaie. Herri honek exijitu egiten ditu. [...] Ezingo dugu bat hartuta ezeren defentsan jardun, ezta zilegizkoenaren defentsan ere, babes hitzen edo isiltasun koldarraren bidez hilketa higuingarri honen konplize bihurtu direnekin. [...] Guk ez dugu mendekurik eskatzen, justizia baizik".

Iturria: Ajuria Eneako Mahaia (97/07/13: 2-3).

Ardanza Plana

"[...] ezin izango du sistema demokratikoak orain arte eraiki duena (Konstituzioa, Estatutua, autogobernuko erakundeak) alde batera utzi, ezta prozesua itxitzat jo ere orain arte eraikitakoaren mugen barruan.
Bata zein bestea solaskide bata edo bestea bere burua eta bere izateko arrazoia ukatzera behartzea litzateke —ez naiz ari terrorismoaren izateko arrazoiaz, ez baitu bat ere, baizik eta bere azpian dagoenaren izateko arrazoiaz—: *statu quo*a onartzeko prest ez dagoen gizartearen zati nabarmen baten disidentzia zibiko-politikoa, terrorismoaren inguruan jiraka".

Iturria: Ardanza proiektua in Orella (1998: 32).

Lizarrako Ituna (Euskal Herriari aplika lekiokeena)

1. Identifikazioa: "Euskal gatazka" jatorri eta izaera politikoa duen gatazka historikoa da. Lurraldetasunean, erabaki subjektuan eta burujabetza politikoan adierazten da.
2. Metodoa: bazterketarik gabeko elkarrizketa eta negoziazioa.
3. Prozesua: bi fase: hasierako fasea –aldez aurreko baldintza gaindiezinik gabeko elkarrizketa inplikaturiko eragileen artean–, eta bukaerako fasea gatazkaren zergatien azterketa "indarkeria adierazpenik gabe".
4. Negoziazioa: osotasunezkoa, agenda mugaturik gabe.
5. Konponbidearen gakoak: inposaketarik ez egotea, euskal gizartearen aniztasuna errespetatzea eta "etorkizuna nolakoa izango den euskal herritarrek beren hitzaren bitartez adieraztea" eta "inplikaturik dauden estatuek erabaki hori errespetatzea".

Iturria: Geuk sortua. Datuen iturria: Herri Batasuna (1999: 435-436).

Lizarrako Akordioaz gain, sasoi beretsuan, EAJk, EAk eta ETAk ezkutuko itun bat sinatu zuten. Bertan, abertzaleak ez ziren alderdiek (PP eta PSOE) Euskal Herria suntsitzeko eta Espainia eraikitzeko helburu komuna zutela aipatzen zen, eta haiekiko akordio guztiak hausteko deia egiten zen. Horrek, erakunde armatua aktore politiko gisa aitortzeaz gain, euskal gizartearen pluralismoaren onarpena —Ajuria Enearen ezaugarri izan zena— dinamitatzea suposatzen zuen. Indar nazionalisten batasuna lehenesten zen, gizartearen pluraltasunaren edozein adierazpen ezabatu nahi zuen erakunde armatu bat bertan sartuz. Hala ere, bi alderdien pragmatismo politikoak ituna garatzeko proposamenean beste indar politiko batzuengana (abertzaleak ez izan arren) jotzeko aukera sartzea ekarri zuen, gobernagarritasuna bermatze aldera.

ETAren, EAJren eta EAren arteko AKORDIOA (1998ko abuztua)

ETAk alderdi abertzaleek eta erakunde armatuak sinatutako akordioei buruz *Gara* egunkarira bidalitako dokumentuen testu osoa (2000ko apirilaren 30ean argitaratua)

Euskadi Ta Askatasunak, Euzko Alderdi Jeltzaleak eta Eusko Alkartasunak, Euskal Herriak bizi duen egoera kontuan hartuta, eta Espainiarekiko gatazkan aro berri bati ekiteko asmoz, honako oinarrizko akordio hau sinatu dute:

1. Akordioaren sinatzaileek beren gain hartzen dute Araba, Bizkaia, Gipuzkoa, Lapurdi, Nafarroa eta Zuberoa hartuko dituen erakunde bakar eta burujabe bat sortzeko urrats eraginkorrak emateko konpromisoa. Helburu bera duten indar politiko eta sozialekin bat eginez, eta erakunde goren hori sortzeko bidean, gaur egungo eraketa instituzional eta estatala gainditzeko helburua duten ekimen guztiak bultzatu, babestu eta hitzartuko dituzte.
2. Akordioaren sinatzaileek konpromisoa hartzen dute behar diren dinamikak sortzeko eta akordio puntualak eta epe luzekoak adosteko Euskal Herria eraikitzearen aldeko edo Euskal Herriaren eskubideen aldeko indarrekin, gure herriaren gutxieneko eta oinarrizko premien inguruan.
3. EAJ-PNVk eta EAk Euskal Herria suntsitzea eta Espainia eraikitzea helburu duten indarrekin (PP eta PSOE) dituzten akordio guztiak bertan behera uzteko konpromisoa hartzen dute.
4. Euskadi Ta Askatasunak, bere aldetik, su-eten mugagabea aldarrikatzeko konpromisoa hartzen du. Su-etena erabatekoa eta mugagabea izango bada ere, hornitze lanei eutsiko die, baita balizko liskar batean defendatzeko eskubideari ere.

Euskal Herria, 1998ko abuztua.

ARIKETA 7

Irakurri Ajuria Eneako Mahaiaren Adierazpenaren (1997), Ardanza Planaren (1998), Lizarrako Itunaren (1998) eta ETA-EA-EAJ Akordioaren (1998) zatiak. Identifikatu zein den alderdi politiko nazionalista eta ez-nazionalista bakoitzaren planteamendua. Zein irizpidek eusten diote planteamendu bakoitzari? Zer ondorio ditu planteamendu bakoitzak pluralismorako?

Mende aldaketaren inguruko urte haietan, Euskadik bere oraintsuko historiako momenturik dramatikoena eta haustura sozialetik gertuen egon zena bizi izan zuen: sektore politiko nazionalistak eta ez-nazionalistak erabat hautsi zituzten euren arteko harremanak. ETAren teoriarik sektarioenak erabat bereizitako bi bandoz edo komunitatez osatutako herrialdea irudikatzen zuen: nazionalista eta ez-nazionalista; baina errealitatea ez zen inoiz horrelakoa izan (Rivera, 2019). Akordio horrekin, pluralismoaren arbuioa eta euskal gizartearen berezko pluraltasunaren deuseztapena maila gorenera iritsi ziren, erakundeen onespenarekin iritsi ere. ETAren ingurune politikoa lagungarri izan zen horretan guztian, protagonismoa hartu baitzuen desberdinak zirenak jazartzeko eta beldurtzeko egiten ziren "intentsitate txikiko" indarkeriazko kanpainetan.

1999ko azaroan, ETAk Lizarrako Akordioaren haritik erabakitako su-etena hautsi zuen, eta, bi hilabete geroago, beste aldi bortitz bati ekin zion. Horrek EAJ-EAk ezker abertzalearekin zuen harremana etetea ekarri zuen —eta gero, Fernando Buesa lehendakariorde ohiaren hilketaren ondoren, apurtzea—. Hurrengo urtean, Ibarretxe lehendakariak burujabetzaren aldeko plan bat aurkeztu zuen ("Izatearen aitorpena erabakitzeko"). Indarkeriarik ezean garatu beharko zen, eta, Lizarrako Akordioaren antzera, euskal gizartearen pluraltasunaren onarpen teorikoa izango zuen abiapuntu, baina berriz ere gizartearen alde ez-nazionalista alde batera utzita. EAJren estrategia horrek zalantzan jartzen zuen Gernikako Estatutua euskal gizartearen ikuspegi desberdinak biltzeko topagune gisa; izan ere, Ibarretxek bere plana "Madrilekin" —eta ez euskal indar politiko guztiekin— adostea proposatu zuen eta horrek argi islatzen zuen barne haustura soziala zegoela —Lizarratik eratorrita— eta euskal herritar guztientzat gobernatzeari uko egin ziola (De Pablo eta Mees, 2005: 456-457). Planak estatuarekiko harreman eredu berri bat garatu nahi zuen, "elkartasun askean" oinarritua, baina Espainiako Gorteek atzera bota zuten 2005eko otsailean.

Estatutu Politiko Berria edo Ibarretxe Plana

Hitzaurrea

Euskal Herriak eskubidea du bere etorkizuna erabakitzeko, Eusko Legebiltzarrean 1990eko otsailaren 15ean gehiengo osoz onartu zen bezala, eta nazioartean aitortuta dagoen herrien autodeterminazio-eskubidearekin bat etorriz, besteak beste Eskubide Zibil eta Politikoen Nazioarteko Itunean eta Ekonomia, Gizarte eta Kulturako Eskubideen Nazioarteko Itunean onetsita baitago. [...]

Itun politiko hau Espainiako Estatuarekiko harremanerako eredu berri batean gauzatzen da, elkartasun askean oinarritutako eta estatu konposatu, nazio anitzeko eta asimetriko bat garatzeko aukerekin bateragarri den eredu batean. [...]

1. artikulua. Euskadiko erkidegoa

Euskal Herriaren zati osagarri direnez, Arabako, Bizkaiko eta Gipuzkoako euskal lurraldeak osatzen dituzten herritarrek, antolaketa eta harreman politikoetarako beren esparru propioa askatasunez eta demokraziaz erabakitzeko duten eskubidea erabiliz, euskal nazioaren adierazgarri eta autogobernuaren bermagarri, Espainiako Estatuarekin askatasunez elkartutako euskal erkidego gisa eratzen dute beren burua, Estatua osatzen duten herriekiko solidaritate askean, Euskadiko Erkidegoa edo Euskadi izenarekin, Estatutu honen ondorioetarako.

2. artikulua. Lurraldea

1. Araba, Bizkai, Gipuzkoa, Lapurdi, Nafarroa, Nafarroa Behere eta Zuberoako euskal lurraldeei eskubidea aitortzen zaie harremanetarako lurralde-esparru erkide batean elkarri lotzeko, bakoitza bere lurraldeko herritarren borondatearekin bat etorriz [...]

Iturria: Euskadiko Erkidegoaren Estatutu Politikoa, Erakunde eta Herrizaingo Batzordea, 2005.

Gizarteko tentsioak eta indar politiko guztien arteko komunikazio hausturak markatu zuten prozesua: herritarren zatiketa —batetik euskal abertzaleak eta bestetik konstituzionalistak deiturikoak— agerian geratu zen kaleetan, eta muturrera iritsi zen Buesaren hilketa salatzeko Gasteizen izan zen manifestazioan.

Magnizidio baten aurkako gaitzespen ekintza bat Ibarretxe lehendakaria hauspotzen zuen sektore nazionalistaren eta lehendakariaren dimisioa eskatzen zuen sektore ez-nazionalistaren arteko konfrontazio agertoki bihurtu zen. Bi blokeen artean, Txema Urkijo Bakearen Aldeko Koordinakundeko kideak honako hau zioen kartel bati eusten zion: "Zein herri eraiki nahi dugu hilketaren aurka elkarrekin ez bagoaz?" (*El Correo*, 2000-II-27).

XXI. mendeko lehen hamarkadan, Euskal Herria gizartearen egunerokotasuna bete-betean ukitu zuen liskar politiko batean ahitu zen. Burujabetzaren aldeko estrategia identitarioak eta horren aurka zeuden indarren erantzunak euskal pluraltasunaren ebidentzia suntsitu zuten. Horregatik, 2009ko udaberrian, Eusko Jaurlaritzan nazionalistak ordezkatu zituztenean, sozialistak pluralismoa Gobernu berriaren erreferentzia bereizgarrietako bat bihurtzen saiatu ziren. Gobernuak ahalegin handia egin zuen pluralismoa eta aniztasuna defendatzeko, behin eta berriz salatzeko terrorismoa, indarkeriaren bidez, horrexen kontra borrokatzen zela batez ere –eta, beraz, pluralismoa zela gehien zaindu beharrekoa– eta identitate kontrajarriei buruzko aurreko eztabaidatik ihes egiteko, herritartasun komun plurala, eskubideetan berdina, aldarrikatuz. Hala zioen Patxi López lehendakariak:

> Argi eta garbi esango dut: guk ez dugu identitatean oinarritutako eredurik proposatuko, herritarren askatasuna eta identitate aniztasuna defendatzen ditugulako. Gure proposamena identitate desberdinak bermatzea eta batzea da, ezberdinen arteko elkarbizitza bermatzeko. Hain zaila egiten zaizue ulertzea? Ez dugu uniforme bat beste baten aurka jarri nahi. [...] XXI. mendeko gizarte modernoa gara, eta ez dugu gure herrialde eredua definituko mugak ezarriz edo identitateak uniformatuz (Patxi López, agerraldia Jaurlaritzako goi kargudunen aurrean, 2010-I-14, hemen eskuragarri: https://bitly.ws/3a2Dk).

2013An, EAJ itzuli zen Jaurlaritzara, Iñigo Urkulluren eskutik, eta nazionalismoak pluralismo eta pluraltasun terminoak berreskuratu zituen –Ibarretxeren garaian, modu erreibindikatzailean

kanporatu ondoren—: Espainiarekiko Euskadiren desberdintasuna errespetatzea eskatu zuen, baina euskal herritarren aniztasuna onartuta. 2010eko Aberri Egunean, oraindik oposizioan zegoela, Urkulluk Ados izeneko proposamenean bildu zuen bere alderdiaren mezua, "Politika. Aniztasuna. Akordioa. Errespetua" leloak oinarri harturik. Hala, bada, irmo baieztatu zuen "aniztasunarekiko benetako konpromisoa", hau da, "gizarte honek agertoki demokratiko batean bizi behar duten identitate pluralak dituela partekatzea" (Deia, 2010-IX-27). Argudioa finkatu egin zen hurrengo gobernuetan, bai bakarrekoetan, bai sozialistekin partekatutakoetan. Urkullu lehendakariak behin eta berriz berretsi du pluralismoaren defentsa, bereziki ETAren oinordeko politikoek, erakunde terrorista desegin eta gero, balio hori ulertzeko eta defendatzeko dituzten zailtasunak salatzeko. Horrela, bat egiten zuen hainbat aldiz errepikatu den salaketarekin, alegia, biktimez gain, talde terroristak gehien erasotzen zuena giza eskubideak, adierazpen askatasuna eta euskal gizartearen berezko pluraltasuna zela, modu bortitz eta mehatxagarrian saiatu baitzen euskal gizartea homogeneizatzen. Hain zuzen ere, biktimek Euskadin askatasunaren eta pluralismoaren sinbolo gisa duten rolak Lopezen gobernuan eta Urkulluren gobernuan hartu zuen protagonismoa.

ARIKETA 8

a) Balantze gisa, identifikatu liburuan zergatik jotzen den euskal gizartea oso pluraltzat (askotarikotzat), eta zergatik uste den pluralismoari (aniztasuna aberastasuntzat hartu eta balioesteari) eraso egin zaiola. Zein indar politiko egon dira pluralismoaren aurkako erasoaren atzean? Zein ideia edo sinesmenek gorpuztu dute une historiko desberdinetan pluralismoaren aurkako eraso hori? Azken mendeetan, nola eraso zaio pluralismoari?

(b) Taula honetan, Euskadin azken berrogei urteetan nazio identifikazioaren sentimendua nola aldatu den ikus daiteke. Datu horiek kontuan hartuta, erantzun galdera hauei:

- Zeintzuk dira nazio identifikazioaren sentimenduan gertatu diren aldaketa nagusiak? Zein da egungo egoera?

- Zure ustez, aldaketa horiek nola eragin diete pluraltasunari eta pluralismoari? Nola baloratzen dituzu aldaketa horiek?

TAULA 4
Euskal herritarren nazio identifikazioaren sentimendua

	1979	**1989**	**1999**	**2009**	**2018**
Espainola	14	9	7	5	3
Espainolagoa euskalduna baino	6	4	3	2	2
Espainola bezain euskalduna	26	34	34	34	37
Euskaldunagoa espainola baino	12	18	20	21	23
Euskalduna	38	31	31	34	30
Ez Daki/Ez Du Erantzun + beste batzuk	4	4	5	4	5

Iturria: Geuk sortua. Datuen iturriak: Linz (1986), Llera (1994) eta Euskobarometroa (2000, 2009, 2018 Departamento de Ciencia Política UPV/EHU).

5. ORAINARI ETA ETORKIZUNARI BEGIRA: ARAZO KONPONGAITZA

Liburu honetan erakutsi nahi izan dugu nola euskal gizarteak, modernitatea sendotu ahala, gizarte plural gisa eratzeko joera izan duen. Pluraltasun horrek eta beraren kudeaketa politikoak, hau da, pluralismoak, erasoak hartu dituzte ikuspegi ideologiko desberdin baina konbergenteetatik, ikuspegi horiek bat egin baitzuten nazionalismo zatitzaile eta baztertzaile baten indarrean. Nazionalismo horrek argi eta garbi ezartzen zituen komunitateko kide izateko irizpideak, eta berarekin bat egiten ez zutenen aurkako indarkeria normalizatzen, are justifikatzen, lagundu zuen. Gerra Zibilean eta Diktaduran, estatu kolpearen aldekoek espainiar identitate homogeneo, eskuindar eta borrokalaria sortu nahi izan zuten, beste edozein leialtasun nazionali aurre egiteko. Trantsizioaren garapenean, agerian geratu zen euskal abertzaletasunaren hauteskunde-marken nagusitasun politiko, instituzional, sozial eta kultural gero eta handiagoak euskal gizartea homogeneizatzeko asmoa zuela, Euskadiz zuen ikuspegiarekin bat etor zedin. Pluraltasunaren ukazioak mito bat zuen oinarri: bazela Gerra Zibilean biktimizatutako euskal herri nazionalista eta antifrankista bat. Espainiaren erreferentzia, berriz, doilor eta zapaltzaile gisa homogeneizatzen zen, eta borrokatu beharreko etsai nagusi gisa aurkezten zen.

Euskadin, ez dira maila berean kokatu behar gobernu nazionalistek pluraltasuna eta pluralismoa babesteko defizitean duten

erantzukizuna, eta ETAren ekintza antidemokratiko eta hilgarria, zeinaren helburu nagusietako batzuk ziren, Trantsizioan eta, batez ere, "sufrimendua sozializatzeko" fasean, nazionalistak ez ziren sektoreen jazarpena, intimidazioa eta ezabatze fisikoa, baina azpimarratu behar da aldi berean gertatu zirela eta osagarriak izan zirela. Era berean, ez dira garai historiko guztiak irizpide berberen arabera aztertu behar: Arriagako eta Ajuria Eneako espirituaren garaiek, terrorismoaren oldarraldi basatia gorabehera, zeharkakotasun politiko eta identitarioko estrategiak ahalbidetu zituzten, ez zailtasunik gabe, baina Lizarrako akordioaren eta Ibarretxe Planaren espirituek, aldiz, aurrekaririk gabeko polarizazio politiko eta sozialeko maila batera eraman zuten euskal gizartea, eta hori karga sinboliko sakonarekin islatu zen 98ko su-etenaren aurretik EAJk, EAk eta ETAk sinatutako akordioan, bloke ez-nazionalistarekiko edozein elkarbide haustea aldarrikatzen baitzuen, eta Fernando Buesa lehendakariorde ohiaren hilketaren aurkako manifestazioan. Aitzitik, Patxi Lopezen gobernu sozialistak eta Urkulluren gobernuek pluraltasunaren eta pluralismoaren aldeko jarrerak erakutsi dituzte. Hala ere, indarkeria normalizatzen eta legitimatzen lagundu duten mitoak eta diskurtso sinplifikatzaileak oraindik ere hor daude biztanleriaren sektore jakin batzuetan.

Euskal Herriaren kasu zehatzetik zenbait ikaskuntza eta gogoeta atera daitezke, egungo gizarteetan pluraltasunean eta pluralismoan dauden tentsioak —etorkizuna eraikitzeko moduak baldintzatu ditzaketenak— hobeto ulertzeko.

Pluralismoa eta identitatea tentsioan erlazionatzen diren kontzeptuak dira. Amin Maalouf idazle eta kazetariak "identitate hiltzaile"ez hitz egin zuen, etnia, hizkuntza edo erlijio baten izenean hiltzera ere eramaten duen grinari erreferentzia egiteko. Izenburu bereko liburuan herritartasuna defendatzen zuen atxikimendu "tribal" komunitarioaren gainetik, eta identitate anizkoitza eta dinamikoa edozein esentzialismoren gainetik (Maalouf, 1999: 4-6). Hala ere, erlazio horren konplexutasuna ere aitortzen zuen, uste sendo orokorrak aldarrikatzetik haratago doan prozedura praktiko bat ezartzeko zailtasuna eta tentsio horren historikotasuna bizi garen garai modernoaren emaitza baita.

Ildo horretatik, pluralismoaren bidez, nolako herritartasuna lortu nahi da? Bada, pertsonei eskubidea emango diena berdintzeko eta hortik beren desberdintasunak adierazteko, identitateak politizatu gabe eta identitateen izenean bereizketarik edo berezitasunik sortu gabe. Komunitatezaleak —berdin dio matrize nazionalista, erlijioso edo populistakoa den, eta estatu-moduren bat gobernatzen duen edo eduki nahi duen— gure modernitatearen bereizgarri den aniztasunak hautsitako bizikidetza-batasuna berregin nahi du. Ez du identitaterik gabeko gizartea ulertzen gizartea berriro batzen saiatuko den ezer gabe, eta aniztasun horretan anomia sozialaren eta indibidualismoaren hazia ikusiko du edo kohesio ezaren arriskua.

Arazoa da batzuentzat premia dena —identitatearen politizazioa— besteentzat mehatxua dela. Batzuek "arimarik gabeko" herritartasuna ikusten dute besteek desberdinak izateko eskubidearen babesa ikusten duten lekuan. Batzuek beren biografia pertsonala eraikitzeko espazio ireki bat nahi dute, eta beste batzuek beren biografia integratzeko proiektu komun bat behar dute, zentzuren bat edo transzendentziaren bat izan dezan. Batzuek uste dute erakundeek ahalegin kolektibo batean batu behar gaituztela, eta beste batzuek gu geu izateko dugun eskubidea babestu behar dutela. Batzuek izatea dute ardatz, eta besteek egotea. Herritartasunaren eta gizartearen pertzepzio desberdinak elkargaitz egiten ditu modu batean eta bestean pentsatzen dutenak. Hortik aurrera, tolerantzia mailak daude bakoitzaren idealak maneiatzerakoan. Gehiago korapilatzeko, modernitateko kultura politikoak bi jarrera horiek legitimatu ditu aldi berean: gizabanakoa defendatzen du gizarte liberalaren oinarri gisa, eta egitura komunitarioak defendatzen ditu (estatua, nazioa) herritartasun modernoa garatzeko gune gisa. Gainera, batzuek salatzen dute unibertsaltzat hartzen dela talde nagusiaren ezaugarrien orokortzea baino ez dena. Hori da nazionalisten argudioa; besteekiko desberdintasuna balioetsi nahi baitute, baina, aldi berean, beren barne espazioa homogeneizatu behar dute, identitatean berdinago izan.

Monismoa, gizarteak hobetzeko gai den balio sistema bakar eta harmoniko bat existitzen delako ustea, ezkutatzen da "gure

bizitzei zentzua, herriari justizia eta etorkizun zoriontsu eta perfektua" ematen saiatzen diren mota guztietako proiektu ideologiko modernoen atzean (Del Águila, 2008). Pluralismoa da haien etsai komuna, eta indarkeria behin eta berriz erabiltzen duten prozedura (eta, berriro diogu, berdin dio proiektu horiek boteretik edo boterearen aurka garatzen badira, boterea aldatzeko, edo emantzipazioak, benetakotasunak edo demokraziak eragiten badie). Idealen arriskua ez da idealak edukitzea, baizik eta nola edukitzen diren, nola jarri ohi diren joera monista komun horren mende, egia bakar baten mende (Del Águila, 2008: 13-17 eta 180). Isaiah Berlin filosofoak ohartarazi zuen hori, monismo moralari egotzi baitzion "bizitza historiko eta sozialaren hainbat ikuspegi eskatologiko edo utopikoren, gizadiaren historian gertatu diren prozesu sozial autoritario, sektario, bortitz eta kriminal gehienen iturri" izatea (Berlin, 1992). Beste pentsalari batek, Jürgen Habermasek, "herria" pluralean baino ez dela aurkezten gogorarazi zuen, eta populismoaren analista garrantzitsuenetako batek gaineratu zuen "benetako herri homogeneo bakarraren ideia fantasia bat dela" (Müller, 2017: 7-8).

BIBLIOGRAFIA

Angulo, Gorka (2018): *La persecución de ETA a la derecha vasca*, Córdoba, Almuzara.

Arregi, Joseba (2015): *El terror de ETA. La narrativa de las víctimas*, Madrid, Tecnos.

Berlin, Isaiah (1992): *Árbol que crece torcido. Capítulos de historia de las ideas*, México D.F., Vuelta.

Comisión de Instituciones e Interior (2005): "Estatuto Político de la Comunidad de Euskadi". Disponible en https://bitly.ws/3a379.

Conversi, Daniele (2012): "Nación, Estado y cultura: por una historia política y social de la homogeneización cultural", *Historia Contemporánea*, 45, pp. 437-481.

De la Granja, José Luis (2003): *El siglo de Euskadi: El nacionalismo vasco en la España del siglo XX*, Madrid, Tecnos.

— (2007): *El oasis vasco. El nacimiento de Euskadi en la República y la Guerra Civil*, Madrid, Tecnos.

De Pablo, Santiago; De la Granja, José Luis y Mees, Ludger (1998): *Documentos para la historia del nacionalismo vasco. De los Fueros a nuestros días*, Barcelona, Ariel.

De Pablo, Santiago y Mees, Ludger (2005): *El péndulo patriótico. Historia del Partido Nacionalista Vasco (1895-2005)*, Barcelona, Crítica.

De Pablo, Santiago; Mees, Ludger y Rodríguez Ranz, José Antonio (2001): *El péndulo patriótico. Historia del Partido Nacionalista Vasco (1936-1979)*, vol. II, Barcelona, Crítica.

De Tocqueville, Alexis (1835): *La democracia en América*, Madrid, Alianza.

Del Águila, Rafael (2008): *Crítica de las ideologías. El peligro de los ideales*, Madrid, Taurus.

Departamento de Ciencia Política (2000): *Euskobarómetro*, Lejona, UPV/EHU, abril.

— (2009): *Euskobarómetro*, Lejona, UPV/EHU, mayo.

— (2018): *Euskobarómetro*, Lejona, UPV/EHU, octubre.

Fernández Sebastián, Javier (1995): "La derecha escamoteada. Desvanecimiento y reaparición de un espacio político en el País Vasco, 1975-1995", *Leviatán*, 61, pp. 5-26.

Fusi, Juan Pablo (1978): "El Pluralismo Vasco", *El Correo Español-El Pueblo Vasco*, 2 de marzo.

— (1984): *El País Vasco. Pluralismo y nacionalidad*, Madrid, Alianza.

— (2006): *Identidades proscritas. El no nacionalismo en las sociedades nacionalistas*, Barcelona, Seix Barral.

García Varela, Pablo (2020): *ETA y la conspiración de la heroína*, Madrid, Los Libros de la Catarata.

Gobierno Vasco (1980): "Resultados electorales". Disponible en https://bitly.ws/LNrR.

Gurrutxaga, Ander (1985): *El código nacionalista vasco*, Barcelona, Anthropos.

Herri Batasuna (1999): *20 años de lucha por la libertad (1978-1998)*, Bilbao, Herri Batasuna.

Larraza, María del Mar (2001): "Navarra", en José Varela Ortega (dir.), *El poder de la influencia. Geografía del caciquismo en España (1875-1923)*, Madrid, Marcial Pons-CEPC, pp. 433-454.

Larretxi, Alex (2000): "La manifestación convocada con Ibarretxe acentúa la división de la sociedad vasca", *El Correo*, 27 de febrero.

Letamendia, Francisco (Ortzi) (1979): *El no vasco a la reforma*, San Sebastián, Txertoa.

— (1994): *Historia del nacionalismo vasco y de ETA*, San Sebastián, R&B, vols. I-III.

Linz, Juan José (1986): *Conflicto en Euskadi*, Madrid, Espasa-Calpe.

Llera, Francisco José (1994): *Los vascos y la política. El proceso político vasco: elecciones, partidos, opinión pública y legitimación en el País Vasco, 1977-1992*, Bilbao, UPV/EHU.

Maalouf, Amin (1999): *Identidades asesinas*, Madrid, Alianza.

Morán, Gregorio (2003) (orig. 1982): *Los españoles que dejaron de serlo*, Barcelona, Planeta.

Müller, Jan-Werner (2017): *¿Qué es el populismo?*, México D.F., Grano de Sal.

Orella, José Luis (1998): *De la Mesa de Ajuria Enea al Pacto de Lizarra. Diccionario de términos políticos válidos para encontrar la pacificación de Euskal Herria*, San Sebastián, Ttarttalo.

Pérez, José Antonio (2021): *Historia y memoria del terrorismo en el País Vasco*, vol. I, Almería, Editorial Confluencias.

Rivera, Antonio (ed.) (2001): "País Vasco", en José Varela Ortega (dir.), *El poder de la influencia, op. cit.*, pp. 762-768.

— (2016): "Pluralismo y hegemonía en la sociedad vasca: una interpretación sanadora", en María Jesús González y Javier Ugarte (eds.), *Juan Pablo Fusi. El historiador y su tiempo*, Madrid, Taurus, pp. 91-98.

— (2019): *Nunca hubo dos bandos. Violencia política en el País Vasco (1975-2011)*, Granada, Comares.

Rivera, Antonio y Fernández Soldevilla, Gaizka (2019): "Frente Nacional Vasco (1933-2019). Pluralismo o nacionalidad", *Historia Actual Online*, 50, pp. 21-34.

Rivera, Antonio y Mateo, Eduardo (eds.) (2021): *Transterrados. Dejar Euskadi por el terrorismo*, Madrid, Los Libros de la Catarata.

Rubio, Coro (2003): *La identidad vasca en el siglo XIX. Discurso y agentes sociales*, Madrid, Biblioteca Nueva.

Sáez de la Fuente, Izaskun (2004): "El debate político en torno al diálogo en el contexto vasco", en Galo Bilbao, Xabier Etxeberria, Izaskun Sáez de la Fuente y F. Javier Vitoria, *Conflictos, Violencia y Diálogo. El caso vasco*, Bilbao, Universidad de Deusto, pp. 139-200.

Sartori, Giovanni (2001): *La sociedad multiétnica. Pluralismo, multiculturalismo y extranjeros*, Madrid, Taurus.

Urkullu, Iñigo (2010): "Con Ados, Euskadi se sale del mapa", *Deia*, 27 de septiembre.

Villanueva, Javier (2004): "Bases para garantizar la pluralidad", *Bake Hitzak/Palabras de Paz*, 53, pp. 30-34.

Zubero, Imanol (2008): "Ética y sociedad del País Vasco", *Razón y Fe*, 257, pp. 265-276.